高职院校预算管理

赵晓洁 ◎ 著

吉林出版集团股份有限公司
全国百佳图书出版单位

图书在版编目（CIP）数据

高职院校预算管理 / 赵晓洁著. -- 长春：吉林出版集团股份有限公司, 2021.8
ISBN 978-7-5731-0418-2

Ⅰ.①高… Ⅱ.①赵… Ⅲ.①高等职业教育-预算管理-研究 Ⅳ.①G718.5

中国版本图书馆CIP数据核字（2021）第185002号

高职院校预算管理
GAOZHI YUANXIAO YUSUAN GUANLI

著　　者：	赵晓洁
责任编辑：	马　刚
装帧设计：	清　风
开　　本：	710mm×1000mm 1/16
印　　张：	5.75
字　　数：	60千字
版　　次：	2022年6月第1版
印　　次：	2022年6月第1次印刷
出　　版：	吉林出版集团股份有限公司
发　　行：	吉林音像出版社有限责任公司
地　　址：	吉林省长春市净月区福祉大路5788号出版大厦A座
电　　话：	0431-81629680
印　　刷：	三河市嵩川印刷有限公司

ISBN 978-7-5731-0418-2　　　　　　定　价：38.00元

前　言

　　财务预算与计算活动历史悠久，伴随着财务活动的产生和发展，财务管理应运而生并得到不断发展。将财务信息元素理论扩展，可以促进财务分析报告更加多元化，元组模式中财务信息元素是创新的载体。元素遴选所依据的方法很难实现量化判断，而财务信息元素的粒度能够为元素遴选提供可量化的参考依据。本书主要研究财务元素。一般来说，财务信息元素有广义和狭义之分。广义的财务信息元素包含狭义的财务信息元素，反之则不然。事实上，财务元素还有很多值得探究的内容，在此不再一一枚举。

　　本书的写作基于实践，对高职院校做了深入探讨。财务主体机制指本金投入活动，它包括本金占用调控体系和成本调控体系两个构成部分。本金占用调控体系的构成内容还可再细分为本金筹集调控、本金运用结构调控和本金周转速度调控等。成本调控体系构成的内容还可再细分为成本形成调控、成本补偿调控和平均成本调控等。财务主体机制是财务机制中最重要的组成部分，先有本金的占用与耗费，才可能存在本金运动的动力与制衡的必要性。

　　财务主体是指具有独立财权，进行独立核算，拥有自身利益并努力使其最大化的经济实体。从产权角度探讨财务主体，理论界争议颇多，大致可分为三类观点。一是一元性财务主体观，以汤谷良、伍中信为代表，认为财务主体为高职院校本身。二是二元性财务主体观，以干胜道和刘贵生为代表，前者认为财务主体为所有者和经营者；而后者认为财务主体为高职院校和高职院校财产所有者。三是多元性财务主体观，这种观点是在财务主体理论研究中出现的一种新的研究思路，提出高职院校财务主体应为高职院校的利益关系人，如所有者、经营者、债权人等。新观点中，以李心合和杨君伟为代表，前者提出的泛财务主体观，将高职院校的利益相关者都界定为财务主体；后者则认为财务主体只能在高职院校的人力资本与非人力资本所有者之间相机界定。现有这些观点大多以高职院校拥有法人财产权、拥有自主经营权、高职院校财权独立、自主理财为理论基础，研究结论的不同源于研究者们对财权独立程度的理解不同。

目　录

第一章　高职院校财务预算与主体论……………………………………001

　　第一节　财务主体机制 ……………………………………………001

　　第二节　财务主体理论 ……………………………………………006

　　第三节　财务主体管理 ……………………………………………018

第二章　高职院校财务预算与对象论……………………………………029

　　第一节　财务对象要素 ……………………………………………029

　　第二节　财务对象统计 ……………………………………………034

　　第三节　财务对象建模 ……………………………………………037

第三章　高职院校财务预算与目标论……………………………………040

　　第一节　财务目标概述 ……………………………………………040

　　第二节　财务目标思维 ……………………………………………050

　　第三节　财务目标定位 ……………………………………………057

第四章　高职院校财务预算与契约论……………………………………061

　　第一节　契约理论演进 ……………………………………………061

　　第二节　契约理论应用 ……………………………………………064

第三节　契约理论案例 ………………………………………… 069

第五章　高职院校财务预算与机制论 ………………………………… 072
　　第一节　财务机制构建 …………………………………………… 072
　　第二节　财务机制因素 …………………………………………… 078

参考文献 ……………………………………………………………… 082

第一章 高职院校财务预算与主体论

第一节 财务主体机制

伍中信在《试论股份公司财务主体的一元性》一文中认为,高职院校财权独立后,出资者就不可能拥有独立完整的财权,不可能参与高职院校决策,所有者保留的只是剩余收益索取权的一部分;而高职院校则拥有独立、完整的财权,拥有"自主决策、自负盈亏"的能力,从而成为财务主体。在将独立完整的财权界定给法人产权主体即高职院校后,出资人就不可能有独立完整的财权、不能进行财务决策了,当然也就不可能成为财务主体了。在股份公司的各利益主体中,出资者、债权人都只拥有收益权这一财权,只有股份公司这一法人实体才拥有独立的、完整的财权。因此,在现代财务的本质特征下,只有股份公司才是真正的股份公司财务主体。同时,伍中信指出,股份公司财务主体二元性的弊端意味着出资者将拥有在公司同等的财权,进而可能直接干预公司的财务活动,把高职院校财务目标演变为出资者财务目标,导致股东财富最大化。因此,股份公司财务主体二元性使出资者容易损害其他利益相关者的利益来获取私利。汤谷良从高职院校财权独立出发得出高职院校是财务主体的结论,但他认为财权在高职院校内部具有明显的层次划分,这一观点形成了他详细论述财务分权分层管理理论的基础。但是在他看来，由于高职院校才是财务主体，因此，"所有者财务在高职院校以法人形式存在以后主要是一种监控机制，而不是一种决策机制"。刘贵生的观点与伍中信的观点并无实质不同，他在《论产权结构与财务主体》一文中也认为所有者的所有权集中地体现在剩余索取权上。事实上，只要认为高职院校拥有法人财产权，成为独立的经济利益主体，所有者就必然会被挤到只享有剩余而不参与决策的位置上。但是由于刘贵生是以掌握财务分配权与否为依据来界定财务主体的，所有者参与财务分配，所以在他看来就是财务主体。因此，股份公司财务主体为公司所有者和公司本身。并且他对财务主体的界定也避免了将所有参与财务分配的利益主体都界定为财务主体的弊端。刘贵生认为，财务主体是指财务分配过程中起决定性作用的参与者，因它的存在决定着财务分配的范围、规模、方式方法及财务分配关系的基本性质。

干胜道在《两权分离与财务主体的二元性研究》一文中认为所有者在进行委托代理时要进行财务决策，财权要在所有者与经营者之间分割，经营者的独立性是相对的，经营者的日常财务决策所有者并不干预，所有者参与高职院校合并、产业结构调整等重大财务决策，所有者财务与经营者财务并行不悖。但是，干胜道并不反对将高职院校作为财务主体的提法，他的二元性财务主体观实际上是将所有者和高职院校作为财务主体。在他看来，一方面，要转换高职院校的运行机制，建立现代高职院校制度，确立高职院校的财务主体地位；另一方面，要明晰国有高职院校产权，确立对高职院校的投资公司，即确立所有者财务主体。显然，高职院校和所有者均为财务主体。只不过从干胜道"经营者财务与高职院校财务可以视为同义词"的观点来看与刘贵生的观点在形式上又有相似之处，都认为所有者和高职院校本身为财务主体；不同之处在于，干胜道认为，所有者具有财务决策、调控权，不仅仅是分配权，这正是干胜道的观点如此有影响力的原因所在。由于干胜道没有从产权与高职院校所有权的关系出发，来批驳财务主体一元性观赖以成立的理论基础，因此他对财务主体一元性观的质疑不彻底。

李心合在《关于财务理论若干问题研究》中指出，20世纪80年代以后，业主产权论的逻辑开始受到经济学家越来越多的怀疑，体现在"财务资本与人力资本并重"逻辑的"财务资本所有者与人力资本所有者合作产权论"越来越受到重视。他特别推崇"利益相关者共同产权论"，该理论把高职院校视为利益相关者缔结为一组合约，每个利益相关者都对"高职院校剩余"做出贡献并享有剩余索取权。因此，他认为经理们要为高职院校的利益相关者而不仅是股东的利益服务。从现实来看，政府、投资者、债权人、经营者、员工乃至社会公众等利益相关者均对高职院校有财务利益要求，也均对高职院校有财务权利。

杨君伟在《动态的财务主体观》中指出"动态的财务主体观"认为所有者的功能不在于参与决策，而在于选择和激励经营者。当投资人将高职院校经营决策权授予经营者，只保留选择和激励经营者权利时，经营者是公司的财务主体；当经营者的经营绩效得不到投资人认可时，投资人有可能解除经营者而自己接手参与高职院校经营决策，所有者成为高职院校财务决策的主体。据此，"动态的财务主体观"认为，现代高职院校财务主体既是一元的，又是动态的。

无论是一元性财务主体观、二元性财务主体观还是多元性财务主体观，基本上都循着原始产权与法人财产权分离的思路提出研究结论。这些研究成果目前在我国财务理论界是主流观点。高职院校财务主体是由高职院校所有权安排所决定的，是高职院校所有权安排的内在要求，它是指拥有财务控制权、组织高职院校财务活动、处理高职院校财务关系的所有者和经营者。

在笔者看来，所有者财务管理的对象是虚拟资本，其并不会插足经营者的日常资本运营活动。所有者与经营者的权利、义务通过公司章程来限定，在《公司法》等法律的约束下进行各自的财务活动。任何一方的越权行为都会遭到对方的阻击。两者的关系应是：经营者财务必须接受所有者财务的合法监控，而所有者财务目标的实现要依赖经营者的有效经营合理的财权分割、完善的规章制度、有效的治理结构加上适当的激励约束机制为基点。所有者从高职院校获得的收益事先完全无法确定，而其他利益相关者与高职院校签订的是固定或相对固定收益合同，因此其他利益相关者的经济行为只能称为理财活动，不能称为财务活动。因此，所谓的债权人财务、债务人财务、劳动者财务等是不能成立的。至于财务分层理论所言的"财务经理财务"，笔者不赞同这一说法。因为，财务经理实际上没有相对独立的财权，而是受制于总经理。

"动态的财务主体观"认为，现代高职院校财务主体是一元的，也是动态的。这一观点对高职院校所有权相机配置的认识过于绝对化，是一种非此即彼的观点：高职院校决策权要么属于经营者，要么属于所有者；相应地，财务主体要么是经营者，要么是所有者。这一观点值得商榷。所有者在高职院校正常经营的情况下，除拥有选择和激励经营者的权利外，还拥有高职院校的重大决策权。笔者认为，即使现代高职院校所有权与控制权分离，经营者拥有越来越多的控制权，也并不排斥所有者依然拥有高职院校的控制权，所有者和经营者都应该是高职院校的财务主体。即使现代高职院校所有权的安排远比传统高职院校复杂，高职院校的利益关系人日益广泛，高职院校的财务主体也并不因此而变化。

因此笔者认为，能成为财务主体的只能是对高职院校投入要素的签约人，且这一签约人必须是掌握高职院校财务控制权的所有者和经营者。将高职院校作为财务主体，将所有者排除在高职院校财务决策之外，是危险的，这会使经营者的财务决策权成为不受约束的权利，侵蚀高职院校形成的产权基础。

第二节　财务主体理论

众所周知，在古典高职院校制度下，所有者与经营者合一，信息处于完全对称状态，经营者不可能"偷懒"或故意投资某些项目损害所有者利益。因而，也就不存在多个财务主体的问题。而在现代高职院校制度下，情况发生了变化，特别是1993年底以后，我国开始用出资者所有权与高职院校法人产权的新两权分离来代替原来的国家所有权与高职院校经营权的老两权分离。高职院校法人财产权概念的提出，可以说是我国高职院校改革理论的重大突破，所有权与经营权发生了分离，所有者可能只有物质资本而无经营管理能力，经营者有经营管理能力而在经理人市场上待价而沽。

一、财务二元主体理论的主要观点

持这种观点的学者认为，所有者和经营者是并列的财务主体，二者既有共性也有差异。回避所有者财务，会导致经营者侵蚀所有者利益和国有资产的大量流失；而忽视经营者财务，又会使大股东有恃无恐地侵犯其他利益相关者的经济利益。

1. 所有者财务论

四川大学工商管理学院教授干胜道博士在1995年第6期《会计研究》上发表《所有者财务：一个全新的领域》；1997年第6期《财经科学》发表

《试论创建所有者财务学》；出版《所有者财务论》。他认为，在两权分离的现代高职院校中，所有者与经营者都是独立的财务主体，忽视哪个财务主体都是行不通的，所有者财务与经营者财务在目标、职能、对象及运作规则上都有差别。所有者财务的目标是高职院校整体价值最大化，主要职能是对高职院校及其经营者的理财活动进行有效的监控，主要内容是资本运作和财务监控，主要行使方式是选聘经营者、参与重大决策、收益收缴与再投入、财务监督与考核。该理论认为，所有者财务主体与经营者财务主体是并存的。

2. 出资者财务论

谢志华于1995年曾为中国新型建材集团建立母公司对子公司的激励约束体系，提出了出资者财务及其管理的内容。后来，北京商学院会计系在《会计研究》上发表了出资者财务、经营者财务和财务部门的财务三篇系列论文，其中出资者财务是由他撰稿的。他认为，国有高职院校的两权分离导致了经营者和出资者在财务上的分离，出资者不等于所有者。

二、财务一元主体说的主要观点

持这种观点的学者认为高职院校财权独立后，出资者对经营者形成一种委托代理关系，它不可能拥有独立完整的财权，只保留剩余收益索取权，高职院校经营者形成独立的财务主体。

1. 财务分配论

刘贵生于1995年在第6期《会计研究》上发表《论产权结构与财务主体》，从财务分配权的归属出发来讨论财务主体问题，认为独资高职院校、合伙高职院校的产权与高职院校资产所有权合一，其财务主体是一元性的；而股份制高职院校和国有高职院校的法人和原始产权主体均拥有一部分财产分配权，因而其财务主体具有二元性的特征。但是随着经济的发展，在现代股份制高职院校中，所有者作为高职院校财务主体越来越只具有一种形式上的意义，真正的财务主体日趋移位于高职院校本身这一经济实体。

2. 财权基础论

伍中信于2000年在第7期《财政研究》上发表《现代财务理论的产权基础》；于2001年在《财会月刊》发表《试论股份公司财务主体的一元性》，从财务本质的财权流理论出发，对财务主体进行了新的研究。他认为，财务主体是指具有独立财权（产权）、进行独立核算、拥有自身利益并努力使其最大化的经济实体，即财务主体必须具有财权独立性、经济性和目的性。二元性的财务主体必然会带来二元性甚至多元性的财务目标，最终会导致高职院校财务无所适从，因此财权独立性是财务主体一元性的根本保证。

三、财务主体分层说的主要观点

这种观点认为，法人财产权的确立和运行，使财务分层管理成为可能。

1. 财务分层论

汤谷良于1994年在第5期《会计研究》发表《现高职院校财务的产权思考》；于1997年在第5期《会计研究》发表《经营者财务论——兼论现代高

职院校财务分层管理架构》，他认为，法人财产权概念的提出使原来集所有者、经营者、财务经理于一身的财务管理机制发展成为以所有者、经营者、财务经理分工协作为特点的财务管理机制。

2. 高职院校财务的两权三层次管理

裴伯英在《论现代高职院校财务的分权分层管理》一文中支持了汤谷良的观点，认为财务主体不同于财务管理主体，在独资高职院校和合伙高职院校中，出资者就是经营者，高职院校财务管理主体是一元的，而在公司制高职院校中，出资者与经营者对高职院校财务管理事项在不同方面发挥决定作用，二者都具有财务的直接管理权，这就是高职院校财务管理主体的二元化。同时，可以按照现代高职院校的组织机构对高职院校财务的管理职权来划分高职院校财务的管理层次。

四、财务主体一元性与财务分层的融合

财务分配论、所有者财务论、出资者财务论、经营者财务论、财务分层论等观点构成财务分层理论，并且引申出财务主体多元性的意思，从而引起关于财务主体一元性与多元性的争论。笔者拟运用财权与财权主体的概念对此进行探讨。

1. 财务主体多元性的观点实际上是混淆了财务主体与财权主体或财务治理主体的概念。这些观点其实想强调所有者、出资者、经营者等产权主体应该对高职院校财务资源配置活动施加一定的影响，以维护其产权利益。但是由于观点提出时并未形成较为成熟的财权概念，也没有形成财权主体的概念，所以用财务主体这种行为意义上的概念来表达这种影响，不

能清晰、充分、显性地揭示出这种影响的来源实质上就是一种支配财务资源运用的权利,从而引起了行为意义上的财务主体与抽象意义上(权利义务关系上)的财权主体的混淆。

2. 建立维护出资者利益的财务管理模式。对于一个高职院校来说,毕竟出资者和经营者不能建立两套制度各行其是,他们必须通过有效的财务管理模式的建立,使出资者财务目标内化为经营者财务的有效约束,通过经营者财务达到其财务目标。

可以考虑通过找到出资者和经营者利益所共同依赖的基石,即维护出资者权益,实现出资的保值增值,保证高职院校的长期生存和发展能力,来建立出资者权益维护型的财务管理模式,使财务分层说和财务一元主体说达到有效的协调。

四、财务主体信息理论

自美国注册会计师查尔斯霍夫曼等(1999)开创性地将有丰富语义表达能力的XML技术应用于财务报告,并逐渐形成了可扩展的商业报告语言(eXtensible Business Reporting Language,XBRL)的概念以来,XBRL在全球范围内实践和发展已经经历了十五载。

在XBRL财务信息元素理论(张天西,(2006)的研究中,"财务信息元素是构建XBRL财务报告分类标准(以下简称XBRL-FRT)的基本单元"已成为许多研究者的共识(杨周南和赵秀云,2004;Graning等,2011;张天西等,2011;Kim等,2012;Vasarhelyi等,2012)。对于格式固定的财务报表类信息的确如此,然而财务报告的附注中还存在大量格式可变的多维表格，它们也是以财务信息元素为构建XBRL-FRT的基本单元吗？

目前，财务报告附注中多维表格的构造模式可以分为元组模式和维度模式。本文在深入剖析多维表格不同微观模式的基础上，对两者进行了形式化描述，提出了在构造多维表格信息时，元组模式中财务信息元素是构建XBRL-FRT的最基本单元；维度模式中表信息元素、轴成员信息元素和项目概念信息元素是构建XBRL-FRT的最基本单元；由轴成员和项目概念信息元素构造了影子财务信息元素。对现有的XBRL财务信息元素理论进行了细分和扩展。

（一）微观模式

1. 元组模式。

元组（tuple）是一种组合信息的建模技术，其中既可以定义财务信息元素，也可以嵌套定义其他元组，对于采用元组技术建模财务报告附注中的多维表格的方式，可称其为元组模式。财务信息元素是元组模式中构建XBRL-FRT的最基本单元。在表达数据表格信息时，元组模式直接定义和引用了财务信息元素的标签、来源、表达和计算等关系，构成XBRL-FRT的模块。中国采用元组模式的XBRL-FRT有：上交所制定的"上市公司信息披露分类标准""金融业上市公司信息披露分类标准""基金公司信息披露分类标准"、深交所制定的"上市公司信息披露分类标准"和证监会制定的"证券投资基金信息披露分类标准"等。以上交所制定的"上市公司信息披露分类标准"表达财务报告附注中的货币资金明细表为例，货币资金明细表元组中直接定义的财务信息元素有：货币资金外币币种、货币资金外币金额、货币资金外币汇率和货币资金外币折合人民币金额等。元组模式下，财务信息元素是构成财务报告附注明细表信息的最基本单元，财务报告附注中的多维表格由财务信息元素集合直接构造而成，高职院校通过直接定义新的财务信息元素来扩展财务报告附注的多维表格。

2. 维度模式。

由轴和项目构造的维度也可以建模财务报告附注中的多维表格，可称其为维度模式。维度（Dimension）是由轴、成员、项目、概念和事项等原子概念构造而成（Hoffman，2012），其中：表由行（轴）和列（项目）构成，用于构造表格类事项信息，用Table表示，表中的轴可以是一维也可以是多维，但是项目只能是一维的；轴描述了财务报告中经济事项的特征，用Axis表示，成员是轴的可能取值，用member表示；项目描述了财务报告中经济事项的概念，用Line items表示，概念是项目的可能取值，用concept表示；事项定义了财务报告中可观测的和可报告的信息片段，用fact表示。维度模式基于多维表格的微观结构特征，将表格类信息拆分成轴成员（行）和项目概念（列），其表达的信息内涵由轴成员和项目概念共同决定，即：通过维度的行集合成员和列集合成员的笛卡尔乘积间接构造了财务信息元素，该财务信息元素并未在XBRL-FRT中直接定义，而是通过轴成员和项目概念的定义构造而成。为了与直接定义的财务信息元素相区别，可以将该模式下形成的财务信息元素称为影子财务信息元素。中国采用维度模式的XBRL-FRT有："通用分类标准"；"石油和天然气行业扩展分类标准"和银监会"银行监管报表 XBRL 扩展分类标准"等。多个行集合和一个列集合的组合建模可以构造一个n*1型维度。最简单的情况下，一个行集合和一个列集合的组合建模可以构造一个1*1型维度。该维度模式的第一个轴元素集合反映了货币资金类别，其中包含三个成员：库存现金、银行存款和其他货币资金；第二轴元素集合反映了货币种类，其中包含三个成员：人民币、美元和欧元；唯一的概念元素集合中包含三个成员：原币金额、折算汇率和人民币金额。通过对上述两个轴元素集合成员和一个概念元素集合成员进行笛卡尔乘积，可以得出该2*1型维度可以构造出27个影子财务信息元素【3*3*3】。例如，可以用它来构造库存现金美元原币金额、银行存款欧元折算汇率和其他货币资金美元人民币金额等影子财务信息元素。维度模式下，表、轴成员和项目概念信息元素是构成财务报告附注明细表信息的最基本单元，维度中的影子财务信息元素由轴成员信息元素集合和项目概念元素集合间接构造而成。高职院校通过扩展轴成员和项目概念中的信息元素来间接定义新的财务信息元素，形成了对财务报告附注明细信息的扩展。

（二）财务信息元素理论的扩展

黄长胤（2012）通过集合论的方法对财务信息元素、实例的财务信息元素空间和分类标准的财务信息元素空间进行了形式化表达。即：分类标准的财务信息元素空间可以形式化为：

$$\Phi=\{e_j|j\in J\}, \quad (1)$$

式中：j用来指定某个报告主体的财务报告中某个具体的列报项目，$j\in J$，J是列报项目集合。该形式化没有对财务报告中的信息元素进行细分，通过上节对财务报告附注微观结构的解析可知，构造财务报告附注多维表格的模式有元组和维度之分。我们将财务信息元素理论做如下扩展。

1. 元组模式。

元组模式以财务信息元素为构建XBRL-FRT的最基本单元；高职院校在

表达明细信息的时候，通过元组直接定义和引用财务信息元素的标签、来源、表达和计算的细节，形成了以元组为纽带连接财务信息元素和XBRL-FRT的桥梁。

元组t可以形式化为：

t=U v l=1{e1}，（2）

式中：e1用来表达财务报告附注中的元组模式中的财务信息元素，1∈[1，v]，v是元组模式中的财务信息元素的数量。

2. 维度模式。

在表达财务报告附注中结构不固定的多维表格信息时，维度模式将表格类信息拆分成轴成员信息元素和项目概念信息元素，其中的财务信息内涵由表、轴成员和项目概念等结构信息元素共同决定。表信息元素传递表格整体信息，轴成员元素反映表格中的行信息，项目概念信息元素反映表格中的列信息。结构信息元素是构造XBRL-FRT多维表格的基本单元。以通用分类标准的无形资产增减变动信息表为例，为了反映了无形资产增减变动的结构明细表，分类标准制定者构造了一个维度表信息元素来表示无形资产增减变动表，一个轴成员集合来建模无形资产的类别和一个项目集合来建模无形资产的概念。轴成员集合中包含两个信息元素："土地使用权和专有技术"；项目概念集合中包含十六个信息元素："无形资产原价年初账面余额、无形资产原价本期增加额、无形资产原价本期减少额、无形资产原价期末账面余额、累计摊销年初账面余额、累计摊销本期增加额、累计摊销本期减少额、累计摊销期末账面余额、减值准备年初账面余额、减值准备本期增加额、减值准备本期减少额、减值准备期末账面余额、无形资产净价年初账面余额、无形资产净价本期增加额、无形资产净价本期减少额和无形资产净价期末账面余额"。其中的19个信息元素构成了建模无形资产增减变动信息表的结构信息元素【1+2+16】。

维度模式可以是1*1型，也可以是n*1型。n*1型维度是dj由表、轴成员和项目概念等结构信息元素构成，可以形式化为：

$$dj=dj, t\cup dj, v\cup dj, w, （3）$$

式中：dj, t表示维度表信息元素集合，dj, v表示维度轴成员信息元素集合，dj, w表示维度项目概念信息元素集合。其中，

$$dj, t=U_z\ j=1\{tj\}, （4）$$

式中：$U_z\ j=1\{tj\}$表示维度表集合，tj用来指定维度表信息元素，$j\in[1, z]$，z是维度表集合的势。

$$dj, v=\{U_{v1}\ x1=1\{rx1\}\}\cup\{U_{v2}\ x2=1\{rx2\}\}\cup\cdots\cup\{U_{vn}\ xn=1\{rxn\}\}, （5）$$

式中：dj, v由有限个轴成员信息元素集合构成；$U_{v1}\ x1=1\{rx1\}$表示第1个轴成员信息元素集合，rx1用来指定维度表中的第1个轴成员集合中的信息元素，$x1\in[1, v1]$，v1是第1个轴成员集合的势；以此类推，$U_{vn}\ xn=1\{rxn\}$表示第n个轴成员信息元素集合，rxn用来指定维度表中的第n个轴成员集合中的信息元素，$xn\in[1, vn]$，vn是第n个轴成员集合的势。

$$dj, w=\{U_w\ y=1\{ly\}\}, （6）$$

式中：$U_w\ y=1\{ly\}$表示唯一的项目概念信息元素集合，ly用来指定维度表中的唯一的项目概念信息元素，$y\in[1, w]$，w是项目概念集合的势。

维度模式中的轴成员信息元素集合和项目概念信息元素集合的笛卡尔乘积构造了影子财务信息元素集合，形成了以维度模式为纽带连接影子财

务信息元素和XBRL-FRT的桥梁。仍以建模通用分类标准的无形资产增减变动信息表为例，通过对轴成员信息元素和项目概念信息元素进行笛卡尔乘积，可以得出该建模方式可以构造出32个影子财务信息元素【2*16】。如：土地使用权原价年初账面余额，专有技术原价本期增加额和专有技术期末账面余额等影子财务信息元素。所以，影子财务信息元素集合ej，可以形式化为：

$$ej = Uv1\ x1=1\{rx1\} \times Uv2\ x2=1\{rx2\} \times \cdots \times Uvn\ xn=1\{rxn\} \times Uw\ y=1\{ly\}，$$
（7）

式中：ej由n个轴成员信息元素集合和1个项目概念信息元素集合的笛卡儿乘积构造而成，Uv1 x1=1{rx1}、Uv2 x2=1{rx2}、Uvn xn=1{rxn}和Uw y=1{ly}的含义与公式5和公式6的含义相同；表示集合的笛卡儿乘积。

3. 财务信息元素。

财务信息元素有广义和狭义之分。广义的财务信息元素是高职院校利用有关概念、术语、数字和短语等，对高职院校已经发生的交易和事项、执行的会计政策与制度、高职院校的财务环境等单独和综合性状况进行描述，是财务信息的最小语义构成单位。所以，广义的财务信息元素是XBRL-FRT的基本单元（张天西，2006）。广义的财务信息元素包含前文中的结构信息元素。狭义的财务信息元素是将结构信息元素从广义的财务信息元素剔除后的财务信息元素，包含非表格类信息中直接定义的财务信息元素以及由结构信息元素构造的影子财务信息元素。以通用分类标准的管理费用明细信息为例，其中的职工薪酬、咨询费和排污费等信息元素就是非表格类的财务信息元素，属于狭义范畴；同样，上文中的土地使用权原价年初账面余额是影子财务信息元素，也属于狭义范畴。广义的财务信息元素包含了狭义的财务信息元素，反之则不然。影子财务信息元素没有在XBRL-FRT中直接定义，而是由多维表格中的轴成员信息元素和项目概念信息元素组合建模而形成，为了与非表格类信息中直接定义的财务信息元素相区别，可以将该财务信息元素称为影子财务信息元素。

元组和维度是构造财务报告附注中多维表格信息的两种微观建模方式。在构造多维表格信息时，元组模式中财务信息元素是构建XBRL-FRT的最基本单元；维度模式中表、轴成员和项目概念等结构信息元素是构建XBRL-FRT的最基本单元；由轴成员和项目概念信息元素构造了影子财务信息元素。对现有的XBRL财务信息元素理论进行了细分和扩展。

第三节 财务主体管理

一、概述

风险管理的定义和风险的定义一样,国内外学术界存有不同的观点。传统的观点认为,风险管理是高职院校六大管理功能之一。这种观点来自著名的法国管理理论学家亨利·费尧(HenriFayol)。费尧在其1949年发表的著作《一般与工业革命》中认为,风险管理活动(也就是他书中所指的"安全活动")是高职院校的基本活动之一。只不过,费尧书中的"安全活动"所指的范围远比现在"风险管理活动"指的范围要小。

美国风险管理学家格理森(JTGleason)在其所著的《财务风险管理》一书中,强调了风险管理对高职院校这一组织的重要性并将风险管理的内容概括为以下三个方面:(1)对高职院校所面临的所有风险做出准确和及时的测量;(2)建立一种过程用以分析高职院校总风险在生产经营业务范围内如何进行评估;(3)在高职院校内部建立专门负责风险管理的部门,以控制高职院校风险和处理高职院校风险发生带来的损失。

1964年,美国风险管理专家威廉姆斯(Wiliams)和汉斯(Hans)在其合著的《风险管理与保险》一书中,明确提出了高职院校风险管理的五个要素。并认为,尽管不同高职院校风险管理在操作上可能存在较大的差别,但都有相同的确定要素。这些共同的风险管理要素是:(1)高职院校风险任务的确定；（2）高职院校风险和不确定性的评价；（3）高职院校风险控制；（4）高职院校风险融资；（5）高职院校风险管理信息反馈。

著名的风险管理顾问费力克斯·克洛曼（HFelixKloman）和约维·海门斯（YacovYHaimes）对高职院校风险管理的要素也给出了自己的解释。他们认为，高职院校风险管理要素的观点是基于高职院校作为"系统"这一结构的。该观点认为高职院校风险管理过程可以被看作是一种信息系统，该观点是将系统论、控制论和信息技术等现代科学理论技术运用于高职院校风险管理过程的重要理论基础。我国理论界的普遍认识是将公司风险管理看作为各经济主体通过风险识别、度量、分析，并在此基础上采取适宜的措施防范控制风险，用合理经济的手段综合处理风险，以最大限度实现保障的科学管理过程。

财务风险管理是风险管理的一个分支，是一种特殊的管理功能，是在前人的风险管理经验和近现代科技成就的基础之上发展起来的一门新的管理科学。财务风险管理是指经营主体对其理财过程中存在的各种风险进行识别、度量和分析评价，并适时采取及时有效的方法进行防范和控制，以经济合理可行的方法进行处理，以保障理财活动安全正常开展，保证其经济利益免受损失的管理过程。

综上所述，财务风险管理是由风险识别、风险度量和风险控制等环节组成的，其中核心是风险的度量问题。财务风险管理的目标是降低财务风险，减少风险损失。因此，在财务风险管理决策时要处理好成本和效率的关系，应该从最经济合理的角度来处置风险，制定财务风险管理策略。风险的动态性决定了财务风险管理是一个动态的过程。由于高职院校内外环境不断变化，因此，在财务风险管理计划的实施过程中，应该根据财务风险状态的变化，及时调整财务风险管理方案，对偏离财务风险管理目标的行为进行修正。

二、财务风险管理的程序

财务风险管理是一个连续的、循环的、动态的过程。1983年，在美国风险和保险管理协会上，世界各国风险管理专家共同讨论并通过了"101条风险管理准则"，作为各国风险管理的各个层面，为世界各国公司所借鉴。一般风险管理分为三个阶段：风险识别、风险度量和风险控制。

1. 风险识别

风险识别是指在风险事故发生之前，对风险所做的定性判断。现实社会中的风险并不都是显露在外的，未加识别或错误识别的风险通常不仅是难以优化管理的风险，还会造成意料之外的损失。所以在这一阶段，风险识别的手段，相关信息的收集、辨别，风险的汇总、分类，风险走势的监测都是必要的。风险识别是风险管理程序的基础。

2. 风险度量

风险度量是指在风险识别的基础上，运用各种方法，对风险的大小进行计量的过程。在不同的时间、不同的发生地点，风险及发生损失的程度是有差别的。相应地，在是否要管理、如何管理等方面，准确地度量风险程度与差别就成为提高风险管理效率、质量的关键性因素。

风险度量是风险管理程序最重要的环节，它直接决定了高职院校对风险的态度和决策结果。风险衡量的方法有很多种。按其是否可计量，分为可计量风险和不可计量风险。可计量风险是指可以运用数学方法进行计算,并通过相关指标的大小判断风险的大小。常用的计量方法有:数理统计法、杠杆分析法和资本资产定价模型。这三种方法在使用范围上各有不同,又有各自的优缺点,在理论和实务界也存在颇多争议。数理统计法的优点是科学严密,逻辑性强;缺点是样本地选择和概率的估计要求太高,计算过程复杂烦琐。杠杆分析法直接利用财务报表数据,计算简单,容易理解和掌握,但杠杆系数与风险大小的逻辑关系不清,有时会出现背离的现象。资本资产定价模型法(CAP)在具体对风险进行度量时,贝塔系数的计算麻烦,需要较强的专业理论知识和经验判断,需要较准确的数理统计数据。所以,此方法适用于统计基础好、统计数据较准确、信誉度较高的大规模高职院校集团。

3. 风险控制

在完成了以上步骤之后就要对是否实施风险控制、如何实施进行决策。风险控制的方法分为两类:制度控制和技术控制。制度控制基本上属于管理的范畴,包括与风险事件相关的组织机构设置、人员配备,制度设计,无一不与风险控制有着千丝万缕的联系,都是风险控制的制度体现。技术控制的方法主要有分散法、转移法、和回避法。

需要注意的是,风险管理的程序在理论上似乎是按顺序进行的。但在实际工作中,由于风险会随着环境和事件的进展不断发生变化,因此,风险识别、风险度量和风险控制也要不断调整,并不拘泥于固定的程序。

综上所述,风险贯穿于高职院校管理的始终,可以这么说,高职院校管理的过程,就是风险管理的过程。在新的形势下,正确地认识风险,把握风险的特征，洞悉风险与环境变化的辩证关系，掌握风险管理的方法，是事关高职院校生死存亡的大事，不可不察。

三、财务风险管理的内容

（一）筹资风险管理

筹资风险来源于两个方面：一是偿债风险。由于借入资金严格规定了借款方式、还款期限和还款金额，如果高职院校负债较多，而经营管理和现金管理不善，可能导致高职院校不能按期还本付息，就会产生偿债风险。偿债风险如不能通过财务重整等方式及时加以化解，则可能进一步导致破产清算的风险。二是收益变动风险。这种风险主要来源于资金使用效益的不确定性（即投资风险的存在），这种不确定性会通过负债的财务杠杆作用产生放大效应。在资本结构一定的条件下，高职院校从息税前利润中支付的债务利息是相对固定的，当息税前利润增多时，每一元息税前利润负担的债务利息就会相应地降低，从而给高职院校所有者带来额外的收益，即财务杠杆利益。相反，当税前利润下降时，会给所有者收益造成更大的损失。

1. 可选择以下的财务指标来评估筹资风险

第一，流动比率是流动资产与流动负债的比率。它反映高职院校可用在短期内能转变为现金的流动资产偿还到期流动负债的能力。第二，速动比率是速动资产与流动负债的比值。速动资产是流动资产减去变现能力较差且不稳定的存货、预付账款、待摊费用、待处理流动资产损失等之后的余额。速动比率较之流动比率更加准确、可靠地评价高职院校资产的流动性及其偿还短期负债的能力。第三，已获利息倍数，是指高职院校一定时期息税前利润与利息支出的比率，反映了获利能力对债务偿付的保证程度。第四，资产负债比率，又称负债比率，指高职院校负债总额对资产总额的比率。它表明高职院校资产总额中，债权人提供资金所占的比重，以及高职院校资产对债权人权益的保障程度。第五，财务杠杆系数，是普通股每股利润的变动率相当于息税前利润变动率的倍数。影响财务杠杆系数的因素包括息税前利润、资金规模、资金结构、固定财务费用水平等多种因素。在其他因素一定的情况下，固定财务费用越高，财务杠杆系数越大，财务风险也越大。

2. 防范与控制筹资风险

第一，提高资金的使用效益。这是防范和控制筹资风险的根本，因为高职院校还本付息的资金最终来源于高职院校的收益。如果高职院校经营管理不善，长期亏损，即使现金管理十分有效，也会导致高职院校不能按期支付债务本息的压力。第二，适度负债，优化资本结构。负债经营犹如一把双刃剑，在给高职院校带来更高收益的同时，也可能带来较大的筹资风险损失，所以高职院校一定要做到适度负债经营。如何确定适度负债的"度"，是比较复杂和困难的。从理论上讲，可以借助最佳资本结构理论来确定，即满足综合资本成本最低和高职院校价值最大化的筹资额。在实际工作中，"度"的选择要与高职院校的具体情况相适应。对一些生产经营好、资金周转快的高职院校，负债比率可以适当高些；对于经营不理想、资金周转缓慢的高职院校，其负债比率应适当低些。第三，合理搭配流动负债和长期负债。流动负债和长期负债的搭配比例应与高职院校资金占用状况相适应。一般来说，流动资产的购置大部分应由流动负债筹集，小部分由长期负债筹集；固定资产应由长期自有资金和大部分长期负债筹集。这种合理搭配的稳健的负债策略。对于筹资风险的防范和控制是非常必要的。

（二）投资风险管理

高职院校通过筹资活动取得资金后，进行投资的类型有两种：项目投资和证券投资。无论项目投资还是证券投资，都不能保证一定达到预期收益，这种投入资金的实际使用效果偏离预期结果的可能性就是投资风险。与项目投资相关的风险主要是指高职院校外部经济环境和高职院校经营方面的问题所导致的经营风险，与证券投资相关的风险则是证券投资收益的不确定性。

1. 评估投资风险

第一，经营杠杆系数，是指息税前利润变动率相当于产销量变动率的倍数。它反映了项目投资风险的大小。经营杠杆系数越大，投资项目面临的风险越大；反之，则风险越小。第二，投资收益率方差，是指各种可能出现情况下的投资收益率与期望投资收益率的平方差。该指标通常用来评估证券投资风险的大小。如果投资收益率随着时间的推移而发生变化，应计算不同时期的投资收益率的综合方差。投资收益率的方差和综合方差越大，说明该证券的风险越大。

2. 防范与控制投资风险

第一，加强投资方案的可行性研究。高职院校如果能够在投资之前对未来收益情况进行合理预测，将风险高而收益低的方案排除在外，只将资金投向那些切实可行的方案，就会对防范与控制投资风险具有十分重要的作用。第二，运用投资组合理论，合理进行投资组合。根据投资组合理论，在其他条件不变的情况下，不同投资项目收益率的相关系数越小，投资组合降低总体投资风险的能力越大。因此，为达到分散投资风险的目的，在进行投资决策时要注意分析投资项目之间的相关性。高职院校进行证券投资时，可购买不同行业的证券以降低相关系数；如果购买同一行业内的证券，应尽量避免全部购买同一家公司的证券。高职院校进行项目投资时，在突出主业的情况下，也应注意多种经营，使多种产业和多种产品在利润和时间上相互补充，最大限度地分散投资风险。

（三）资金回收风险管理

具体来讲包括三个方面：

1. 识别资金回收风险

资金回收风险主要是指应收账款的回收在时间上和金额上的不确定所导致的风险。一是时间上的不确定性，表现为拖欠风险，即客户超过规定的信用期限付款的风险。高职院校的资金运动的一般过程是：货币资金—生产资金—结算资金—货币资金。应收账款的拖欠风险使上述资金循环的第三个链条发生中断，造成高职院校结算资金不能及时回收和再生产资金相对不足。二是金额上的不确定性，是指应收账款无法收回，形成坏账的风险。显而易见，如果应收账款无法收回而成为坏账，必然对高职院校的现金流量产生直接的损失。此外，由于这部分坏账的已纳税款也不能退回，从而使高职院校蒙受更大的损失。

2. 评估资金回收风险

第一,应收账款周转率,是一定时期内主营业务收入净额与平均应收账款余额的比率,反映应收账款周转速度。第二,应收账款回收期,反映高职院校收回应收账款所需的平均时间。应收账款回收期长,则应收账款周转率低,说明资金回收较慢,资金回收风险较高;反之,较低。第三,坏账损失率,为本期发生的坏账损失占本期到期的全部应收账款的百分比。第四,应收账款收现率,为本期有效收回的应收账款占本期到期的全部应收账款的百分比。一般来说,坏账损失率越大,应收账款收现率越小,说明高职院校承受的资金回收风险越大;反之,则风险越小。

3. 防范与控制资金回收风险

第一,选择合理的销售方式和结算方式。对于财务状况和资信状况好的客户,采取赊销的方式,并将累计赊销金额控制在信用额度之内,结算时相应采取分期收款、商业汇票等风险较小的结算方式。对于那些信用状况不好、偿债能力差的客户则宜尽可能采取现销方式,相应采取汇兑、支票等结算方式。第二,制定合理的收账政策,及时催收货款。对逾期未结清欠款的赊销客户,高职院校应组织人员加紧催收。同时应分清主次,按照应收账款逾期的不同时间和具体情况,采取灵活的政策。第三,建立坏账准备金制度。高职院校应依据谨慎性原则,对于可能发生的坏账损失,在其发生之前提取坏账准备金,以减少本期虚增的利润,防范资金回收风险带来的不利影响。

(四)收益分配风险管理

收益分配是高职院校财务管理的最后一个环节,是指高职院校将实现的净收益按照法律规定的顺序,分别用于弥补亏损、扩大积累、完善职工集体福利设施和对投资者进行分配。

1. 识别收益分配风险

分配给投资者的盈余与留在高职院校的保留盈余,存在此消彼长的关系。如果高职院校脱离实际一味追求给投资者高额的回报,必然造成高职院校的保留盈余不足,给高职院校今后的生产经营活动带来不利影响,同时会影响债权人的利益。相反,如果高职院校为减少外部融资需求而减少对投资者的分配,又会挫伤投资者的积极性,影响高职院校的声誉和价值。因此,收益分配风险是指高职院校在分配收益的方式、时间和金额上的不同权衡和取舍,从而给高职院校的价值带来的不确定性。

2. 防范与控制收益分配风险

第一,制定合理的收益分配政策。一般来说,公司的收益分配政策取决于公司的实际盈利情况。以股份有限公司为例,如果公司的盈余是稳定的,则可以发放较高的股利,否则,只能发放较低股利。这时的股利政策可以减少因盈余下降而造成的股利无法支付、股价急剧下降的风险,还可以将更多的盈余转化为投资,以提高权益资本在公司资本中的比例,减少财务风险。第二,树立高职院校良好形象,塑造投资者信心。收益分配政策不当或者收益分配政策频繁变动都可能对高职院校造成不利影响。此时,高职院校应积极采取措施,向投资者传达正面有利的信息。尤其值得注意的是,高职院校不能为了重塑投资者的信心而披露虚假信息,否则,不仅不利于高职院校价值的提升,反而会增加高职院校的财务风险。

综上所述，高职院校要正常的运作，防范和控制财务风险是财务管理的重要任务。高职院校在筹资、投资、资金回收、收益分配等四个方面实施风险识别、评估、防范和控制等风险管理活动，有效实施财务风险管理，有利于实现高职院校效益的最大化，实现高职院校财务目标。

第二章 高职院校财务预算与对象论

第一节 财务对象要素

一、不同观点的评析

1. 会计要素

按照系统论的观点,一个系统至少应包括主体、相关的客体、主体作用或支配客体的方式。会计作为一个信息系统,包括系统的主体(会计人员)、客体(反映高职院校经济活动的各种经济数据)和运行方式(各种方法、程序、载体等)三个要素。也就是说会计要素的第一层次包括会计人员、经济数据和运行方式三个部分。而经济数据作为会计信息系统的客体,是"客观经济活动的状态和特征的综合表现,即综合的经济信息"。由于其综合性,按照这些数据的经济特征又可进行第二个层次的划分。

会计信息系统的客体,是指反映高职院校经营活动的各种数据,而现实高职院校的经济活动种类繁多、业务繁杂,要使多种多样的经济活动变成能够记录的经济数据,必须建立在一定的约束和限制条件之上。会计主体约定了会计数据的范围,而货币则是高职院校经济活动价值唯一可以表现的、能够量化的形式。会计系统就采用以货币为主要计量单位对这些数据按照经济特征进行分类，以便反映和监督高职院校的经济活动。

高职院校的经济活动如果用货币来量化，则表现为价值运动。根据马克思学说：价值是凝结在商品中的人类一般劳动，没有质的区别，只有量的不同。价值在资本主义社会定名为"资本"，而在社会主义社会则被称为"资金"。因此高职院校的价值运动实质上就是高职院校的资金运动，主要表现为资金的进入、资金的使用和周转以及资金的退出。

由此可以得出作为客体的数据实质上反映的是高职院校的资金运动。按照会计界普遍可以接受的观点：会计对象是指高职院校的资金运动，从这个角度来讲，会计对象要素实际上就是对会计系统中"客体"这一要素的细分。也就是说会计对象要素是会计信息系统要素的第二个层次的内容，内涵远远小于会计信息系统要素。而我国于2006年出台的《高职院校会计准则》规定：会计要素应当按照交易或事项的经济特征来确定，这显然不是会计要素合理的解释。

2. 会计对象要素

会计对象要素是指构成会计对象的必要因素，那么我们首先要知道会计对象是什么。我国会计学者从各自对会计本质的认识出发，提出了不同的会计对象观点。例如，"资金运动论"认为会计对象是再生产过程中的资金运动；"价值运动论"认为会计对象是随经济活动而产生的价值运动，具体表现为资金运动或资本运动；"财产论"认为会计对象是再生产过程和处于其中的财产；"经济活动论"认为会计对象是再生产过程中能够以货币表现的经济活动；"经济利益论"指出会计对象就是经济利益及其增减变动；"双重对象论"认为会计对象既包括客观存在的价值运动，也包括客观存在的价值运动的信息。尽管对会计对象有着不同的认识，但实质都或多或少地受资金运动论的影响，或者说是对资金运动论的演化。所以我们采用"会计对象是指高职院校的资金运动"的观点。

3. 会计报表要素

财务报表是财务会计系统提供财务会计信息的主要载体，它有助于反映高职院校管理层受托责任的履行情况，有助于报表使用者做出经济决策。作为浓缩的会计信息，会计报表有它固定的格式，从形式上来说，它包括表头、表体和附注。从内容来看，会计报表要能反映高职院校财务状况、经营成果和现金流量的会计信息。但会计报表作为人造系统的一部分，不仅要受会计目标的制约，还要受客观经济环境的影响，而且会计报表是内部会计信息加工的最终成果，它受内部信息加工方法和方式的影响（各国的财务会计概念框架或准则对很多会计业务的处理都是有弹性的），也会受到会计人员的主观判断的影响。另外受报表容量的限制，会计报表并不能反映高职院校经济活动的全部内容。从这个意义上讲，会计报表的内容构成要素是动态和发展的，它并不具有客观性。将这种动态的要素作为会计业务确认和记录的起点是不适合的。

我国对于要素的划分是从高职院校经济活动的客观规律入手，将会计对象按其经济特征分为诸如资产、负债、所有者权益、收入、费用等要素，所以在我国会计要素应指会计对象要素。西方关于要素的划分是从会计目标开始，从满足使用者需求出发，将报表所需反映的内容按经济性质进行的大类划分，所以在西方会计要素是指会计报表要素。尽管中西方是从不同的起点来对要素进行划分，尽管会计报表所反映的内容并非高职院校经营活动的全部，但各国对会计报表的重视是一致的，使用者对会计信息的获取也主要来源于会计报表，所以两者对所反映的经济业务进行大类的划分，最后基本趋近一致。这也是为什么有学者认为会计对象要素就是会计报表要素的原因。

二、财务会计与管理会计

财务会计和管理会计作为高职院校会计的两大分支，其划分标志是会计资料的用途。美国罗素、胡来歇和泰勒三位教授合著的《管理会计概论》一书中写道："财务会计是收集性、汇集性的资料，供投资者、政府机关和公司以外的有关部门使用。而管理会计则提供资料以帮助经理人员作出决策。财务会计有时称为对外会计，而管理会计常称为对内会计。"尽管财务会计和管理会计都是反映高职院校的资金运动，但是财务会计作为对外会计与管理会计有着很大的差别，了解它们之间的差别有利于理解财务会计对象要素。

1. 从目标来看

财务会计侧重于向外界不特定的使用者提供整个高职院校财务信息；而管理会计则主要服务于高职院校内部管理层，有着明确的服务对象，它可以反映高职院校整体的信息，也可以根据需要提供内部不同层次、不同部门的信息，这种信息可以是财务信息，也可以是非财务信息。由于需要维护不特定信息使用者的利益，使得财务会计需要类似于"公认会计原则""会计法"等强制性规范的约束，需要遵循固定的会计循环程序，对外的报告需要固定的格式，需要外部财务审计的监督。而管理会计由于它的"内部性"则没有这些要求。

2. 从职能来看

管理会计的主要职能是预测、决策、控制和考核,而财务会计的主要职能是反映和控制,使得管理会计包含的信息跨越过去、现在和将来,而财务会计信息由于要求"真实可靠",它只能反映已经发生的过去的信息(现在已有所改变,但主要还是反映过去的信息)。

第二节 财务对象统计

会计包括财务会计，管理会计等。财务会计因其侧重于满足高职院校外部有关方面的决策需要，以外提供财务报告，故也称"对外报告会计"。培养目标掌握高职院校会计信息系统与设计的基本原理、电算化会计软件初始化的设置、总账系统、报表系统以及工资核算、固定资产核算等业务核算子系统的操作方法；理解会计信息系统的数据流程、模块构建，会计电算化对传统手工会计方式的影响；了解高职院校实行会计电算化的管理要求与制度规范、购销存业务核算子系统、基于商品化会计软件的数据整理与加工。财务审计学，是研究财务审计产生和发展规律的学科。实践是检验真理的唯一标准，科学是实践经验的总结。财务审计科学就是对财务审计实践活动在理论上的概括、反映和科学总结，并用来指导财务审计实践活动，促进经济发展。财务审计是独立于被财务审计单位的机构和人员，对被财务审计单位的财政、财务收支及其有关的经济活动的真实、合法和效益进行检查、评价、公证的一种监督活动。中国的财务审计包括三种类型，即国家财务审计、内部财务审计和社会财务审计。国家财务审计是指国家财务审计机关和财务审计人员通过审查会计凭证、会计账簿、会计报表，查阅有关文件、资料，检查现金、实物、有价证券，向有关单位和个人调查等方式，依法对被财务审计单位的财政收支、财务收支的真实、合法和效益进行审查和评价的经济监督活动。内部财务审计是指部门、单位内部的财务审计机构和财务审计人员对本单位及下属单位的财务收支及有关的经济活动，进行内部审查和评价的活动。社会财务审计是指依法成立的社会财务审计机构和财务审计人员接受委托人的委托，对被财务审计单位的财务收支及有关经济活动，进行公证、评价的服务活动。现代财务审计是现代市场经济发展的产物。由于科学技术的发展，商品经济的发达，对经济管理与监督提出了更高的要求。由于财务审计职能的扩大，不仅财务审计有了很大发展，经营财务审计、管理财务审计、绩效财务审计也应运而生。不仅政府财务审计日渐完善，随着股份公司的发展，跨国公司的涌现，也促进了内部财务审计和社会财务审计的发展，特别是会计电算化之后，使财务审计又提出了新的挑战，这些都为现代财务审计体系的建立和发展创造了良好的条件。由于把哲学的世界观和方法论应用于财务审计科学领域，使世界财务审计理论水平有了很大提高，财务审计理论结构体系正在逐步形成。财务审计学科是任何学科均不能代替的一门独立学科，其主要研究对象是财务审计理论、财务审计方法、财务审计组织和财务审计制度等财务审计活动。目前，中国的财务审计学专业注重培养具备管理学、会计学和财务审计学基本知识和基本技能，熟练掌握政府财务审计、注册会计师财务审计、高职院校内部财务审计的基本程序，能在会计师事务所从事财务审计及会计咨询工作，在高职院校、行政事业单位从事会计核算管理和内部财务审计工作、会计教学与科研工作的应用型高级专业人才。培养目标会计与财务审计专业主要培养面向高职院校、事业单位的会计与财务审计岗位。培养德、智、体、美等方面全面发展，具有良好的敬业精神、团队意识，掌握会计学、财务审计学专业基础知识，熟悉会计、财务审计技术与方法，精通相关的法律法规，具备从事财务会计、财务审计、内部管理财务审计和固定资产投资财务审计等专业能力，能够胜任企事业单位和社会中介组织的会计与财务审计工作的高素质复合型专业人才。

第三节 财务对象建模

财务建模涵盖了一个很宽泛的领域:从简单的制表到费用的加总再使之转变为项目所需的复杂的风险模型。此外,模型的设计还需要考虑很多其他的方面。具体地说,关于财务建模我们必须考虑:

● 针对具体商业问题的解答建立特殊的操作程序。如现金流量表及其易变性;

● 对数据进行分析处理;

● 将未来因素纳入模型考虑,对未来的情况进行考察;

● 将数据快速准确地转化为管理信息;

● 在一个"安全"的环境中测试假设,如项目方案;

● 通过一种结构化的途径来支持管理决策;

● 更准确地认识问题中的相关变量和规则;

● 更多地了解变量的变化过程及其变化方式;

● 找出关键变量并考察其敏感性。

电子表格被应用于个人电脑是从20世纪70年代末VisiCalc(专为苹果机使用的一种操作软件)的使用开始的。由于这种工作表的高效率和准确性,使之在大范围内迅速取代了一些早期的方法(如高速计算机),同时,Lotus1-2-3的使用与IBM个人电脑的使用也同步增加。从此财务管理者也能用他们自己的数据来进行分析而不用求助于其他数据系统或是系统管理员了。会计模型，如预算和现金流量，能根据用户的要求进行建立，这就导致了：

● 有更详细的信息用于决策制定；

● 使在较低层次的决策制定成为可能；

● 对特定环节的检验或其他替代方法之间具有灵活性。

1995年，微软在Apple Macintosh引入了Excel并在20世纪80年代末将它扩展到个人电脑上。Windows3.0版本引入包含Excel的Office95，随着它的快速增长，Excel成为工作表操作软件中的领头羊，被大多数个人电脑用户所使用。在成功开发Office97和Office2000后，微软在这一领域的占有率又被大大增强。

Excel包含于微软工具包之中说明它现在是一种公认的标准，就如同人们把Word作为文字处理的标准格式一样。伴随着以下功能的加入，它的工作表的功能不断加强：

● 专业的函数；

● 大量使得工作表自动化的宏程序的使用，或者说用编码进行公式编辑功能的使用；

● 工作簿技术的使用，省去了单个工作表之间的联系的建立；

● 对Visual Basic的使用提供了一种与微软其他应用程序之间通用的语言；

● 同其他应用软件之间的数据交换功能；

● 添加例如关于目标区和最优化问题的规划求解模型；

● 三部分分析包，如财务CAD、@RISK or Crystal Ball。

今天对这种复杂分析软件包使用的结果是使得那些非专业程序员也能设计并建立起一套专业的解决商业问题的应用程序。

Excel也是这样一种分析软件包。大部分人在他们需要解决一个商业问题的时候都会使用它。作者曾经有一个这样的经历，需要对一个项目的租赁可盈利性进行研究，并要编写一个模型来考察不同的基金组合决策。在耗费了大量的时间和精力后，这个模型终于成功运行并给出了一个答案。但是，这个答案很不清楚，也不方便其他人去理解。这里并没有模型设计的方法论，而模型真的就那样"蹦出来了"。

许多公司或学院很少会提供如何使用Excel来处理财务问题的指导，这对于大多数的管理者来说是司空见惯的了。这种做法的后果是许多模型建立都很少或者根本就不考虑模型的设计和模型未来的维护。

更进一步地说，据估计很多商业上正在使用的模型本身都存在着严重的错误。用Visual Basic和C++来编写应用程序是为IT部门进行设计提供的。但是，通常情况下，Excel并不受这些影响因素的制约。这可能并不总是个问题，但是，一个预算模型可能成为财务管理者自己的"宠物设计"，而他可能会在此后离开这家公司或者可能被提升到新加坡去了。在文件里当然不会有注释，这样，就再没人能了解这个模型是如何工作的。人们经常说信息就是力量，但是因为这些管理者常常不能将他们的工作充分备案，所以导致公司在模型的审核和错误的查找上不得不花费大量的金钱。

第三章　高职院校财务预算与目标论

第一节　财务目标概述

每个高职院校都需要一致的财务目标。当你来回权衡着努力确定商业模式的各个部分之间的合适关系时,你已经进入了基于现实的姿态,来调整制定你的财务目标。财务目标的目的不是追求3年期内的准确性,而是为了帮你认识到,你所观察到的外部环境中的变化,以及内部活动方面的大部分变化,都会产生一种后果,是必须在财务方面体现的。如果没有商业模式的原则来进行指导,那么大多数人都不会将外部现实与内部活动联系起来。

在许多情况下,财务目标都是在真空中制定的,不过是数字游戏,人们思考的是如何保全自己的利益,而不是如何面对高职院校的真实环境。人们常常为别人的命令所驱使:金融市场、首席执行官或分部负责人决定着应该是什么目标。常见的情形是——我们已经目睹过很多次——首席执行官希望他的公司能够跻身标准普尔500(S&P500)强中每股收益增长幅度前1/4的位置。他注意到,没有一家公司能够用低于12%的轰动性年增长率进入那个层次。这个数字远远高于他所在行业的平均数,但这无所谓。他要求他的班子开发一种大胆的战略,能够让他的公司达到那个高度。于是他们接令而去，执行着极有可能带领大家走向失败的号令。有时，不实事求是的是领导者本人。驱使他的可能是他的执拗狂妄，或者是一种令人赞赏的（如果不是误导型）拼命三郎心态；他也许会取得成功，也许不会成功。无论是哪种情形，关键问题在于，他在冒不必要的风险，因为他在设定目标的时候没有以对现实世界的深入了解为基础。

对外部环境的深入分析使你能够实事求是地确定适当的财务目标。假设某个部门的领导班子热衷某个战略构想，相信他们因此能取得每年8%的收入增长。而部门的负责人通过自己的分析了解到，全行业最近的增长率只有3%。她对这一战略设想进行了追根究底的分析，并拿它对比她看到的商务环境趋势，以及她的部门的经营和人员能力。最后，她意识到自己拥有的综合资源又可能产生预想的结果。除非她的团队能够提出一个崭新的构想，开发出与其他人迥然不同的产品，这一战略设想才有可能在现实世界中行得通。

你为自己的高职院校设定的最重要的目标是什么？很少会有人为所有目标设定很高的标准——至少不会长期如此。通常情况下，你不得不做出让步。比如，如果你希望取得更高的利润，你也许不得不接受较低的增长率或者资产密集度。如果你希望投资于扩建，但又担心你的资本结构问题——也许你已经背负了大量的债务——那么你就会把现金流当作头等大事。

一、高职院校财务目标概述

所谓高职院校财务目标，是指高职院校财务活动在一定环境和条件下应达到的根本目的。是评价高职院校财务活动是否合理的标准，它决定财务管理的基本方向。财务目标之所以重要，因为它是财务决策的准绳，财务行为的依据，理财绩效的考核标准，明确高职院校的目标对加强高职院校管理，不断提高高职院校经济效益，促进两个根本转变都有极其重要的意义。

二、高职院校财务目标的类型

当前关于高职院校财务目标的主要观点关于高职院校的财务目标，当前理论界和实务界主要有利润最大化、每股收益最大化、股东权益最大化、股东财富最大化、高职院校价值最大化等几种观点。

1. 利润最大化

这种观点认为，利润代表了高职院校所创造的财富，利润越多，高职院校创造的财富越多.越接近高职院校生存、发展和盈利的目标。利润最大化目标最早要追溯到19世纪，当时的高职院校规模都很小，业主直接从事高职院校的经营管理工作，他们的直接动机就是增加利润，再使利润转化为资本，从而使利润最大化作为高职院校财务活动追求的终极目标。以利润最大化为目标确实有一定道理。在微观上，利润赚得越多，表明高职院校资金利用效果越好，高职院校抵御风险的能力越强，竞争实力越雄厚。在宏观上，利润代表剩余产品的多少，高职院校利润赚得越多，剩余产品越多，对社会的贡献越大。所以利润最大化意味着社会财富的极大化，利润的多少决定了资本的流动方向，为追逐利润，资本只会流向利润最大的行业和高职院校。但利润最大化也存在一些缺陷，它没有考虑利润发生的时间，没有考虑资金的时间价值。利润最大化中的利润是一个绝对数，没有考虑利润与投入资本间的投入产出关系，利润的最大化不代表利润率最大化，追逐高额利润，可能会牺牲大量的经济资源，给高职院校带来风险，使高职院校的决策行为短期化，因而利润最大化不能科学地说明高职院校经济效益水平的高低，不利于不同资本规模的高职院校或不同期间之间进行对比。利润最大化也难以协调高职院校同经营者之间的利益，经营者的收益往往与经营业绩挂钩，为了追求经营绩效，在未达到指定的目标时.他们可能会挖空心思在账面上做手脚，虚增收入和利润，蒙骗社会大众，不利于高职院校的长期发展。

2. 每股收益最大化

这种观点认为，应当把高职院校的利润和股东投入的资本联系起来考察。用每股资本收益来概括高职院校的财务目标，反映了所得利润与投入资本之间的投入产出关系，以避免利润最大化目标的缺点。20世纪60年代以来，随着资本市场的逐步完善，股份制高职院校发展迅速，每股资本收益最大化成为西方高职院校的财务目标。但是每股资本收益最大化没有考虑资金的时间价值，没有考虑投入资本以及股东获取利润的时间性和持续性，也没有考虑风险因素。而且它只考虑股份制高职院校，没有考虑非股份制高职院校。

3. 股东权益最大化

这种观点认为，股东权益通过股票的市价来反映，所以股东权益最大化也就是追求股票市价最大化。这种观点以美国为代表。在美国，高职院校股东以个人居多，他们不控制高职院校财权，只是通过股票的买卖来间接影响高职院校的财务决策，职业经理的报酬也与股价直接相关，因此，股票市价成了财务决策要考虑的最重要因素,而股东权益也是股票市价的充分体现。因此,股东权益最大化理所当然成为他们的财务目标。股东权益最大化需要通过股票市价最大化来实现,而事实上影响股价变动的因素不仅包括高职院校经营业绩,还包括投资者心理预期及国家经济政策、政治形势等外部环境。带有很大的波动性,易使股东权益最大化失去公正的标准和统一衡量的客观尺度。股东权益最大化对规范高职院校行为、统一员工认识缺乏应有的号召力,没有考虑人力资本所有者的权益。

4. 股东财富最大化

这种观点认为,在股份有限公司中,高职院校的总价值可以用股票市场的价值总额来代表,当公司股票市场的价格达到最高时,就说明了公司实现了财富最大化目标,也意味着股东的财富实现了最大化。这一观点起源于西方资本市场比较完善、证券业蓬勃兴起的美国。股东财富最大化目标能激励高职院校采用最优的财务决策,它考虑了资金的时间价值和风险情况,使高职院校总价值达到最高,进而使股东财富最大,因此,这一目标比前三种目标更具综合性。但股东财富最大化是一个十分抽象且很难具体确定的目标。对上市公司而言,其财富虽然可以通过股票的价格变动来反映,但由于股票价格的变动不是公司业绩唯一的反映,而是受诸多因素影响的综合结果,因而股票价格的高低不能反映上市公司财富的大小,这样,股东财富最大化目标在实际工作中就难以被高职院校管理当局和财务管理人员把握。股东财富最大化目标也难以兼顾其他财务关系人的利益。由于高职院校是所有者的高职院校,高职院校的财富最终都归所有者,而高职院校的财务关系人,除了股东,还包括债权人、经营者、职工和社会公众等。无论何种关系人都要享有高职院校财富的分配权，这与高职院校所有者的目标会发生矛盾。

5. 高职院校价值最大化

这种观点认为，高职院校价值最大化就是通过高职院校财务上的合理经营，采取最优的财务政策，充分考虑时间价值和风险与报酬的关系。在高职院校稳定长期发展的基础上，不断增加高职院校的财富，使高职院校价值达到最大。高职院校的价值除了高职院校存量资产的重置价值外，还包括高职院校重要的人力资本价值、无形资产价值以及高职院校目前及未来潜在的获利能力。高职院校价值最大化追求的是高职院校资产的价值，各种资产的投入回报又来源于对资产最有效的配置和最合理的运用，它要求的理财对象是高职院校的总资产，财务目标主体是利益相关者的高职院校，而不仅仅是股东的高职院校；利益指向是高职院校价值，体现了利益相关者所有签约方的共同利益，而不仅仅是股东的利益，关心的目标是如何"做大蛋糕"而不是如何"分配蛋糕"。在西方国家基本上否定了"利润最大化"目标后，提出了"高职院校价值最大化"目标，且已被许多高职院校接受。

三、我国现代高职院校财务目标的选择

1. 选择高职院校财务目标的影响因素

一是高职院校的所有者。现代高职院校股东主要包括国家、高职院校法人等大股东和个人中小股东。高职院校法人等大股东对高职院校财务目标的影响主要通过召开股东大会或董事会以投票表决的形式进行。中小股

东远离股东大会，但他们往往会联合大股东以其他形式，如通过注册会计师财务审计等方式对高职院校财务状况和经营成果进行监督。

二是高职院校的债权人。债权人为了达到按时收回本金和利息的目的，除了寻求法律保护外，更多的是在合同上规定借款的用途，并要求高职院校保持良好的偿债能力。随着市场经济的发展，竞争日益激烈，债权人对高职院校财务管理的介入程度不断加深。

三是高职院校经营者和员工。高职院校的经营者直接行使经营权，直接参与高职院校的重大财务事项决策和管理；高职院校的员工直接从事生产经营活动，他们为高职院校提供了智力和体力劳动，理应获得相应的回报。随着知识经济的到来，人力资源将成为高职院校财富不断增长的决定性因素。

四是政府。政府颁布了一系列保护公众利益的法律，如《公司法》《环境保护法》《合同法》《保护消费者权益法》和有关产品质量的法规等。政府为高职院校提供了服务，理应分享高职院校的收益，即要求高职院校依法纳税。

五是大客户与供应商。他们为高职院校提供了较为稳定的"市场资本"，高职院校不能漠视他们的利益，确定财务目标时要充分考虑大客户和供应商的利益。

2. 我国现代高职院校财务目标的选择

通过对上述影响我国财务目标制定的利害关系人因素的分析，考虑到"利润最大化""每股权益最大化""股东权益最大化""股东财富最大化"都存在着不足，而"高职院校价值最大化"将高职院校的长期稳定发展摆在首位。强调在高职院校价值增长中考虑各利益集团的权益，注重高职院校可持续发展，因而"高职院校价值最大化"是我国现阶段高职院校财务目标的最佳选择。现代高职院校与传统高职院校存在很大差异。传统高职院校的股东承担了高职院校的剩余风险，也享受经济发展带来的全部税后收益。高职院校职工、债权人以及政府所承担的风险比现代高职院校要小得多。20世纪50年代，高职院校的资产负债率很低，一般不超过50%。而现代的高职院校资产负债率较高，一般超过60%，有的甚至超过80%。巨额负债使债权人承担的风险大大增加，实际上他们与股东承担着共同的风险。传统思路考虑财务目标时更多考虑股东利益，选择"股东财富最大化"作为高职院校的财务目标，但现代高职院校是多边契约关系构成的经济组织。不仅股东要承担相当大的风险，而且职工、债权人、政府和相关利益者也要承担很大风险。因此，高职院校不能强调某一利害关系人的利益而伤害其他关系人的利益，不能将高职院校财务目标仅仅归结为某一利害关系人的目标。另外，股东财富最大化要求资本市场必须是有效的，因为只有当资本市场是有效的，高职院校活动与证券价格之间才有联系。目前我国股份制高职院校还不具有普遍性，上市公司的比例还较小，证券市场还不完善，投机的气氛浓厚，庄家炒作现象严重，现有的资本市场尚处于弱势状态，因此，将高职院校的财务目标定位于"高职院校价值最大化"更加恰当，更具有现实意义。

3. 高职院校价值最大化目标的评价

一是高职院校价值最大化目标在协调各相关者利益的同时，最大限度地实现了股东的利益。现代高职院校是多元化的高职院校，股东、债权人、经营者和一般职工都有着自身利益，共同参与构成高职院校的利益均衡体制。高职院校价值最大化就是在发展中考虑问题，在高职院校价值的增长中满足各方利益关系。当高职院校的财富增加后。股东、债权人、经营者和职工的利益都会增加，同时，股东、债权人、经营者和职工利益的满足又有利于高职院校财富的增加，在各方的参与和努力下，实现了财务管理的良性循环。使得股东利益得到了最大限度的满足。

二是高职院校价值最大化目标更符合我国的国情。现阶段我国是一个以社会主义为政治制度、以市场经济为经济模式的国家，高职院校制度尚处于起步阶段，高职院校产权还未完全理顺，其发展具有独特复杂的一面，与发达国家相比，我国高职院校更应强调职工的利益和权利，强调社会财富的积累，强调协调各方利益，实现共同发展和共同富裕。只有高职院校价值最大化才真正符合我国社会主义初级阶段的特点。

三是高职院校价值最大化目标符合我国当前的产权制度，有利于现代高职院校制度的建立和完善。我国目前的产权结构具有多元化、分散性的特点。随着社会的发展，高职院校将成为整个社会群体中紧密相连的一员。高职院校利益与社会利益休戚相关，这也是产权制度发展的内在要求和趋势。它要求高职院校必须兼顾产权主体和其他关系人利益。高职院校价值最大化旨在把体现高职院校整个经营成果价值的蛋糕做大，以保证利益关系人各方应得的份额，做到兼顾各方利益，实现各方利益的最优化，符合产权制度的内在要求。

四是高职院校价值最大化目标符合高职院校可持续发展的长远利益。从某种意义上讲，利润最大化和股东权益最大化等目标，都会导致高职院校行为短期化，会增加风险，不利于高职院校长期发展。而高职院校价值最大化不再只强调高职院校当前的微观利益，更注重微观利益和宏观利益协调一致，更讲究高职院校信誉，注重高职院校形象的塑造与宣传，更注重提高高职院校产品的质量和售后服务，以保持高职院校销售收入的长期稳定增长。

  无论从理论上还是从实际效果看，以高职院校价值最大化为目标均优于其他财务管理目标。尽管目前该目标还未被所有高职院校认同和采纳，但随着现代高职院校制度的建立和完善，高职院校价值最大化目标将最终成为我国高职院校财务管理的主导目标。

第二节 财务目标思维

财务目标是现代财务理论的基本问题之一，中外理论界为此进行了多年的研究探讨，形成了诸多观点，但基本是从空间角度进行研究，很少从时间角度，尤其是从时空结合上进行研究，造成"公说公有理、婆说婆有理"的学术争执。本书拟从时间与空间的结合角度研究高职院校财务目标，以求得出新的结论。

一、空间维财务目标

财务目标，也称理财目标，是高职院校理财活动的出发点与归宿点，是高职院校财务活动所要达到的目的，一方面具有导向功能与约束功能，另一方面具有评价功能，财务目标的实现与否以及实现的程度如何，是评价财务工作的最终标准。因此中外各国都十分重视高职院校财务目标的研究。目前有关高职院校财务目标的观点不下20余种，主要观点有：

1. 利润最大化。

这种观点认为，高职院校是盈利性的经济组织，利润代表高职院校新增加的财富，利润越多则高职院校增加的财富越多，越能体现出高职院校的本质，而利润作为社会扩大再生产的基础，利润越多也表明高职院校对资源的利用越合理、对社会的贡献越大。但利润最大化作为财务目标存在以下缺陷：

（1）没有考虑货币的时间价值。

（2）没有考虑投入与产出的关系。利润作为一种高职院校最终经营成果，是生产经营过程中的净产出，这一产出如果不与资本投资相比较，则难以得出投资效益优劣的结论，同样是100万元的利润，如果投资额不同，其投资利润率或经济效益必然不同，以绝对利润额的多少作为财务目标有可能造成高利润与低效率的矛盾，给财务信息的使用者带来误解甚至决策上的误导。

（3）没有考虑收益与风险的关系。一般来讲，收益与风险成正比关系。两个投资额、利润额均相同的高职院校，其中一个高职院校的利润已全部转化为现金，另一个尚有应收账款，很显然后者的利润风险因坏账损失的存在而大大增加，没有风险意识的财务目标也是不可靠的财务目标。

（4）没有考虑效益与效率的关系。如上所述，利润最大化可能使得高职院校以牺牲社会资源为代价来换取盈利。

（5）没有考虑微观效益与宏观效益的关系。利润最大化目标容易引导高职院校只注重自身利润的多寡，忽视社会效益与宏观效益。

（6）没有考虑高职院校与相关利益者的关系。利润最大化目标将高职院校作为实体，未考虑构成高职院校以及与高职院校密切相关的投资者、经营者、生产者、政府部门等利益要求，难以协调各方面的经济关系。

2. 每股盈余最大化

这种观点认为，为了克服利润最大化忽视投入产出关系，应将高职院校利润与所有者投资结合起来考虑，以每股盈余作为财务目标。但仍未解决利润最大化中所存在的忽视货币时间价值、忽视收益与风险的关系、忽视社会效益、忽视高职院校与相关利益者的关系等问题。为此产生了股东财富最大化观点。

3. 股东财富最大化

传统高职院校理论认为，高职院校是由股东（所有者）创立并为股东所有，高职院校的目标就是使股东的财富最大化，进而高职院校的财务目标也是股东财富最大化。在上市公司中，一般来说股票的市场价值反映了高职院校净资产的多少以及获利能力的强弱，股东的财富取决于股东拥有的股票数量与股票市价，所以财富最大化目标又可直接表述为普通股每股价格最大化，实际上就是股东财富最大化目标。这一财务目标考虑了货币时间价值和风险价值，但没有考虑其他相关产权主体的经济利益，不能反映未来获取收益的风险，此外股票市价的高低又具有极大的波动性，尤其是泡沫经济的发展，更加剧了股价的不真实性，因而缺乏可操作性，准确性也较差。

4. 相关者利益最大化

认为，随着社会分工的日益深化和市场竞争的不断加剧，高职院校的经营风险不断增大，风险的承担者由单一的股东变成了股东、经营者、债权人以至于职工，这里的"相关者"包括股东、债权人、经营者、职工及政府，相关者利益最大化就是上述各方面关系人的利益均达到最大化。国有高职院校作为我国国民经济的主导力量，一方面要保证国有资产保值增值，同时还要承担稳定物价、扩大就业、保护环境、发展技术等一系列社会责任。该种观点认为，"相关者利益最大化"是实现"社会财富最大化"的前提，这一财务目标的确立，将有利于各方面关心高职院校，有利于国有高职院校的长期稳定发展，有利于协调股东与经营者之间的矛盾，有利于协调股东与职工之间关系，有利于协调股东与债权人之间关系。

5. 双重化

认为，市场经济条件下，大高职院校采用"所有者财富最大化"或"高职院校价值最大化"为其理财的目标，摒弃"利润最大化"目标，自有其合理性，而中小高职院校的有效财务目标应该是"利润最大化"目标。理由是：中小高职院校规模小、数量多、生产经营灵活多变、总体上看，所有制结构较为单一，股份制高职院校少，更多地依赖产品的获利能力求得生存，管理水平不高等，从而形成理财上资金来源渠道较为单一、财务风险、经营风险都很高、追求盈利的倾向很明显，有了实在的利润就赢得了生存、会计信息系统简单、不完善、不规范、财务管理水平不高，决策、计划简单化，缺乏科学性等，因此中小高职院校采用"利润最大化"目标更具合理性。这一目标明确并符合高职院校的根本目标，作为理财约束，在没有会计信息失真的情况下是比较严格的，作为评价标准也是客观的，也能大体反映出高职院校资金的流转状态和高职院校的获利能力，能实现对高职院校各利益方满意的回报。从中小高职院校的角度来看，"利润"对于陷入市场经济竞争海洋中的中小高职院校意义特别重大，其"利润最大化"的倾向十分明显，以"利润最大化"目标来规划高职院校生产、营销与理财活动，简单、明确而且操作性强，高职院校管理者会优先选择"利润最大化"这个很直接地与"利润"挂钩的目标，从而回避"高职院校价值最大化"这样较为间接化的目标，其中也体现了一种管理的效率，间接化目标的理解与实施有着较高昂的成本。而"股东财富最大化"或"高职院校价值最大化",对于中小高职院校而言,就显得烦琐,如在具体指标的量化上没有合理的价值参照,中小高职院校很多没有进行股份制改组,即使发行了股票的中小高职院校,由于股票不上市流通,市场对高职院校价值合理的评价也处于缺位状态,从而导致该目标在实践中运用起来比较抽象,可操作性较差。对于某些所有制结构单一的中小高职院校,如个体私营高职院校,利润最大化能反映高职院校价值最大化;国有独资高职院校或乡镇高职院校,"利润最大化"则能有效地消除"承包制"等固有缺陷,促使其进行制度创新,而不是变更财务目标。"利润最大化"对于"放小"改革中的中小高职院校来说,一能评价高职院校生存能力,小高职院校在获利中才能求得生存;二能指导高职院校的进一步发展,在提高产品服务的质量、加强管理上下功夫,在理财上,健全财务制度,完善财务决策的科学性,优化资金使用等方面具有积极的作用。

6. 管理者效用最大化

以往对财务目标的分析,都是站在股东或利益相关者等方面的立场之上进行归纳的,是理想的财务目标,它只能说明高职院校理财活动"应该怎样"的问题。而从高职院校财务主管的立场上看,他在理财活动中所追求的现实目标往往是自身效用的最大化,而不是股东或利益相关者的财富最大化。因为管理者追求的不仅是货币性报酬,还有诸如休闲、豪华享受等非货币性目标。高职院校价值最大化是职工、债权人和股东等所有利益相关者的利益最大化,它不等于股东财富最大化。由于债权人和股东之间、职工和管理者之间以及所有的利益相关者之间存在各种各样的利益冲突，而且这些冲突在现有的经济模式下是很难解决的，所以高职院校价值最大化只是非常理想的目标。

7. 效率与公平

经济管理的目标是效率与公平，而作为经济管理的重要组成部分，财务管理的目标就应当和高职院校管理目标保持一致。单纯强调利润最大化存在很多弊端，将效率与公平作为高职院校财务目标，不仅有利于降低高职院校交易成本，有利于不同层次、不同权益人的效率目标的衔接，而且有利于规范高职院校的理财行为，进一步提高高职院校的经济效益。同时，将效率与公平作为高职院校的财务目标，也具有一定的理论价值和现实意义。

综观上述观点，与所持有的高职院校观有关，将高职院校作为所有者观念的，认为财务目标是高职院校所有者的目标，产生了利润最大化、每股盈余最大化、股东财富最大化、双重化等观点；将高职院校作为实体观念的，认为高职院校应由包括股东、债权人、经营者、职工、政府、社会公众等在内的所有利益相关者共同持有，产生了相关者利益最大化观点；将高职院校作为法人观念的，认为高职院校由经营者运作，产生了管理者效用最大化观点；将高职院校作为宏观经济的组成细胞，应保持与宏观经济目标以及高职院校管理的目标的一致性，产生了效率与公平的观点等。这些观点从不同角度揭示了高职院校财务目标的不同层面，与高职院校的制度环境、法律环境、人文环境等密切相关，但都是在空间角度的研究。高职院校作为一种客观存在，除具有空间维的特性外，还具有时间维的特点，即具有生命周期的特点，从高职院校的诞生、成长、成熟、衰落直至消亡，在其财务管理上应有不同的策略，财务目标也应有所不同甚至大不相同。

二、时间维财务目标

从高职院校寿命周期角度考察，其诞生期表现为进入市场的初期，高职院校管理的基本目标应是尽量提高产品的知名度，强化营销管理，扩大市场占有率，尽快在市场上站稳脚跟，为日后的发展奠定基础，此时的财务管理目标应是净现金流入量的最大化，以满足日后成长期对现金投入的需求。

第三节　财务目标定位

财务管理是在一定的整体目标下，关于资产的购置，资本的融通和经营中现金流量，以及利润分配的管理。财务目标也称为理财目标，它是高职院校组织财务活动、处理财务关系、开展财务管理活动所要达到的根本目的。

一、财务管理目标

财务管理是高职院校管理的一个重要组成部分，而财务管理的目标也是由高职院校的目标决定的。从总体上来讲，财务管理有三个目标。

1．利润最大化：只有在高职院校的收入大于成本和费用的情况下，高职院校才能赚取利润。赚取利润是高职院校经营和发展的基本条件，高职院校只有盈利才能满足各利益相关者的基本利益要求。因而以此为财务目标。

2．股东财富最大化：在高职院校的所有利益相关者中，由于股东的投资收益是在高职院校的经营收入扣除经理和职工的工资等各类成本费用后的剩余利润，所以股东是高职院校风险的主要承担者。因而以此为财务目标。

3．高职院校价值最大化：高职院校作为由各利益相关者通过契约形成的联合体，在其经营过程中，这些利益相关者都是高职院校收益的贡献者与分享者,他们的利益都相互联系和影响,所以需要协调他们的利益才能使高职院校发展。因而以此为财务目标。

由于财务管理目标的形式与种类很多,自己难以做到对财务管理目标论述的面面俱到,因此自己在这里就简要地谈一下关于高职院校财务管理目标与社会责任的认识。

高职院校社会责任是指高职院校在创造利润、争取自身生存发展的过程中,面对社会的需要和各种社会问题,为维护国家、社会和人类的利益应履行的义务。与高职院校存在和运营密切相关的股东之外的利害关系人,即债权人、职工、消费者、供应商等都是高职院校承担社会责任的主要对象。除此之外,高职院校还要承担对社区、国家、生态环境的责任。高职院校的社会责任源于高职院校盈利过程中其他社会成员之间的利益冲突与摩擦的调整,为了保障高职院校活动过程中其他利益关系人的权益,必须给予高职院校经营活动一定的限制,使其承担相应的社会责任,以致高职院校与利益关系人利益之均衡。

从表面或短期来看,社会责任的承担会在一定程度上减少股东财富,而逃避社会责任,甚至伤害社会利益,反而会提高高职院校的价值,但从长远来看,高职院校财务管理目标与高职院校社会责任是一致的。社会责任理论强调高职院校在进行决策时考虑社会利益,并不意味着就由此否定了高职院校价值和高职院校财务管理目标的实现。相反,二者是一个相互促进的过程。社会责任的履行必须以高职院校正常的财务管理目标的实现为前提,而社会责任理论在一定程度上则有利于促进高职院校财务管理目标的实现。随着社会的不断发展,政府乃至全社会必将把高职院校履行社会责任作为衡量高职院校经营业绩、评价高职院校信誉等的重要指标。当然，履行社会责任也会给公司经营带来一定的不利影响，这主要体现在两个方面：一方面，一味追求利润而忽视社会与环境责任给高职院校带来的消极影响。如果高职院校一味追求利润，而不负社会与环境责任，不仅使高职院校员工、消费者、社会公众的利益受到某种程度的损害，而且在一定程度上会加剧社会利益冲突，在一定范围内造成不同利益群体之间的对立，最终会影响宏观环境的持续改善和社会的和谐发展，高职院校发展就缺乏适宜的经营环境。另一方面，不考虑高职院校的财务状况而盲目承担社会与环境责任会危及高职院校的生存。过分强调高职院校的社会责任，把对利润的追求放在次要位置，高职院校会一步一步失去履行社会责任的基础，最终高职院校会倒闭而给社会增加更多的负担。由以上分析可知，把履行社会责任纳入高职院校全局和长远的发展战略中，制定出相应的政策，已经成为高职院校发展历程中不可忽视的重要方面，关系到高职院校在未来经济发展中的竞争力。

综上为学生关于财务管理目标的一些认识，限于学生水平，上文中的疏漏和不妥之处在所难免，恳请老师指正。

二、高职院校财务管理目标主要观点表述

（一）利润最大化这一目标是在19世纪初形成和发展起来的，其渊源是亚当·斯密的利润最大化理论。利用该目标可以促进高职院校加强内部管理，降低产品成本，不断提高经济效益；可以作为评价高职院校管理水平和经营业绩的重要依据；另外，利润指标有明确的含义，容易计量，实

用性、操作性都很强，也易于理解和接受。但该目标也有明确的缺点：一是没有考虑时间因素；二是没有考虑取得的利润和投入资本额的关系；三是没有考虑取得利润所承担的风险；四是容易导致财务决策短期行为；五是利润的计算受国家财政税收政策、会计制度等多种因素的制约，数据的准确性需进一步考究。

（二）股东财富最大化是20世纪80代以后西方高职院校追求的首要的和最终的财务管理目标。它是用公司股票的市场价格来计量的，考虑了风险因素。因为，风险的高低，会对股票价格产生重要影响；也考虑了货币时间价值，一定程度上能够克服高职院校在追求利润上的短期行为。这些因素弥补了以利润最大化作为理财目标的部分缺点。但在指导理财活动时仍有一定局限性。一是股票价格受多种内外部不可控因素影响，带有很大的波动性；二是只适合上市公司使用；三是只重视股东利益，而忽视了债权人、经营者、职工等方面的利益。

第四章 高职院校财务预算与契约论

第一节 契约理论演进

财务契约理论是20世纪80年代兴起的公司财务研究领域，它在代理理论、产权理论、信息不对称假设和不完全契约假设的基础上，采用博弈分析方法，探讨各种融资工具的控制权、收益权和清算权等特征，以及怎样将这些特征结合起来，给投资者以积极投资的激励，给管理者以提高效率的激励，给投资者以监督和控制管理者的激励。

财务契约理论的形成可以从财务学和经济学两个角度来追溯。从财务学角度来看，财务契约问题源于MM定理条件的放宽，人们重点分析财务约束对于降低代理成本和提高经济效率的影响。当存在信息不对称和激励问题时，债务作为一种固定索取权可以对管理者施加财务约束，能够迫使其支出高职院校的剩余现金，从而在客观上降低了代理成本。从经济学角度来看，财务契约问题源于科斯定理条件的放宽，人们开始关注控制权在不同类型的索取权人之间的配置所产生的激励效应。在无法签订完全契约的条件下，产权和剩余控制权的配置会影响经济效率，与债务和股权等融资工具相关的控制权配置机制，可以在适当的情况下将高职院校的决策权交给那些最大化自身利益与提高经济效率最具有一致性的经济主体。

一、财务契约理论的观点

按照财务契约理论的观点,高职院校实际上是一系列契约的组合,契约的订立和执行都是有交易成本的;股东和债权人之间具有强烈的利益冲突,因此,高职院校不是一个同类相聚体,不具有共同的最大化高职院校价值的目标。契约理论提出的过程中,隐含了两层假设:第一,假设高职院校引进风险债务必然是有利可图,因而存在一个最优资本结构问题。第二,假设风险债务可以通过财务契约进行控制,所以存在一个最优财务契约问题。契约理论的出发点是如何设计一组契约来减少高职院校内不同利益主体的冲突。在融资问题上,主要是通过合理的财务契约设计来实现各方的利益均衡。

财务契约理论的思路是:一方面,债务融资和债务高职院校要能够解决股东因自身资源限制而难以把握有利可图的投资机会的尴尬处境;另一方面,财务契约要能够帮助债权人规避财务风险。契约理论的支持者认为:财务契约实现了双赢,减少了高职院校内股东和债权人之间的利益冲突和代理成本。

二、财务契约理论的类型

财务约束研究有两类模型:财务约束模型和重新协商模型;对控制权配置有控制权配置模型和索取权多样化模型。财务约束模型围绕债务施加给管理者或者高职院校家的财务约束,认为这一财务约束在管理者试图隐瞒利润和转移现金时,可以迫使管理者交出被隐藏的资金。重新协商模型围绕高职院校违约后人们面临的可能损失和补救机会对契约条款进行的重新协商展开讨论。这些模型证明，债务结构会影响重新协商的效率，而重新协商带来新的支付向量又会影响财务约束的有效性。控制权配置模型的核心思想是，应当将控制权交给那些最大化自身利益与提高经济效率具有最高一致性的经济主体。索取权多样化模型的基本结论是，索取权的多样化使人们能够综合运用各种融资工具的控制权、收益权、清算权等特征，构造更加有效地监督和控制管理者行为的公司治理机制。

第二节 契约理论应用

目前，在西方，财务契约理论已经得到充分应运。由于高职院校家与投资者之间的信息不对称，高职院校在举债时，为了限制股东与管理当局从债权人手中转移收益便签订债务契约，在债务契约中制定了许多限制管理当局的条款。它包括：

1. 债务契约规定了试图降低或减少经理人员有过度消费额外所得或行窃动机的限制性条款。主要是：（1）关于股利和股份收买的限制；（2）保持最低运转资本额度的限制；（3）对高职院校兼并活动的限制，对高职院校向外高职院校投资的限制；（4）对本高职院校资产处置的限制；（5）对本高职院校重新对外举债的限制条款等。

2. 债务契约中还有一些根据债务公司的特点，制定限制管理当局在投资、筹资决策中采取降低高职院校价值行为的条款。

3. 债务契约规定了对高职院校管理当局的自律要求。债务契约规定举债公司的经理必须提供一份年度"履约证书"，确保他们已经审阅的财务报表且未发现违约行为。

4. 债务契约规定了社会中介机构对债务契约执行情况的监督。债务契约规定财务审计师每年都要查证签约高职院校的财务报告，以证实高职院校有无违约行为的发生。

5. 债务契约还对违约的惩罚做了规定。任何不属于上述条款的行为均被视为违约，债权人有权采取惩罚行为，如没收担保物，停止进一步贷款等。

目前我国的举债方式主要有：公开上市交易的举债，向银行、非金融机构举债和向其他债权人借债三种形式。每一种举债都有一定形式的债务契约。每一种举债所面对的信息环境不同，因而对管理当局的约束程度也就不同。公众对公开发行债券的高职院校的盈利信息是不了解的，它要求债务契约的限制性条款最严。我国银行的贷款通则包括如上所述的，债务契约限制性条款的基本内容，是高职院校与银行之间的贷款契约标准。银行可通过银行业务了解高职院校的现金流量，然后预测高职院校未来的盈利信息的债务契约的约束程度。第三种债务契约的约束程度因债权人与债务人信息不对称的程度而异。

无论在西方还是在中国，如何通过契约的限制性条款的制定、监督与执行来保障债权人利益，如何降低债务契约的监督成本都存在着亟待解决的许多问题。尽管我国的债务契约在一定程度上还比较规范，但银行大量呆账的存在、高职院校严重的债务拖欠、高职院校管理当局的在职高消费等都表现出我国债务契约的监督、执行机制亟待加强。

国家财务审计项目的质量是由财务审计人员业务技能（财务审计方法）、持续获取新知识的能力和道德品质保证的，而财务审计人员的财务审计工作并不是随心所欲的，它要受到财务审计时间和财务审计成本的约束。因此，对于财务审计人员而言，为了最充分地利用有限的时间和成本，制订一个高效率的财务审计计划就显得非常重要。监督是国家财务审计核心，国家财务审计是尽可能地通过实施一系列的财务审计方法和财务审计手段，揭示和提供财务审计客体舞弊的不对称信息。因此，一个财务审计项目采用什么样的财务审计方法对财务审计的结果会产生巨大影响，财务审计方法的采用也往往决定一个财务审计项目的成败。下面，笔者就财务审计方法做如下介绍和探讨：

一、假设问题存在财务审计求证法

财务审计人员带着疑问和问题去实施财务审计是目前较为普遍采用的一种财务审计方法，也是最见成效的。这一点符合国家财务审计存在的前提假设，即国家财务审计制度的设计是建立在财务审计客体舞弊客观存在为基本假设，通过国家财务审计成本的较少支出去遏止或阻止因舞弊问题带来的巨大经济损失。与国家财务审计同时发挥财务审计作用的还有社会财务审计和内部财务审计，但三者之间有本质的区别，国家财务审计的本质就是监督，通过财务审计监督职能作用的充分发挥对经济活动行为进行约束，国家财务审计维护的是国家与人民的利益或社会公众利益；内部财务审计则是针对内部集团管理的需要而设置的，维护的是本部门或本单位团体的利益；社会财务审计则是一种受托行为的中介服务，因对委托的财务审计客体发表公正性的财务审计师意见而备受报表使用者或社会公众的关注，由于社会财务审计的有偿性往往会使最终发表的财务审计师意见受制于委托人。因此，具有法定独立地位的国家财务审计监督职能的充分发挥是任何市场经济国家不可或缺的制度安排。在财务审计实践中通过假设问题的存在去收集财务审计证据，从而求证问题的真实结果，验证财务审计人员对问题的最终判断符合舞弊行为发生的基本规律，也是提高财务审计的效率的有效途径，使财务审计人员的财务审计活动行为有的放矢。其必要的财务审计路径为：利用财务审计客体提供的资料评估其经济活动行为→找内部控制制度的薄弱环节→找问题存在的可能疑点→分析疑点对经济活动行为影响程度→确定财务审计样本→收集财务审计证据→求证问题的真实性。

二、审前征集财务审计线索法

财务审计线索的提供者一般情况下都是知情者，因为舞弊的最终结果是在使得一部分人受益的同时侵害了另一部分人的利益或是国家利益或是社会公众利益，这些都会促使知情者在安全的情况下通过第三者（如财务审计组）予以遏止的愿望，而信息的不对称性决定了财务审计人员对财务审计客体的经济活动行为的了解是不充分的，国家财务审计所面对的财务审计客体的经济活动行为也是多样化的，在财务审计人员处于信息掌握的劣势地位去揭示财务审计客体舞弊问题往往如大海捞针。一方面，国家财务审计成本与财务审计作业时间的制约要求财务审计组在一定的时间内必须完成财务审计任务。另一方面，财务审计客体舞弊行为的预谋性与隐蔽性藏匿在巨大经济活动中的某一个环节或事件中，并在虚假完善的内部控制制度的保护下使财务审计人员在有限的财务审计时间里难以揭示，导致财务审计工作事倍功半或财务审计失败。此时，最有效果的财务审计方法就是寻找财务审计线索，通过财务审计线索收集财务审计证据。财务审计路径：公告财务审计事项→提供财务审计组联系方式→获取财务审计线索→甄别线索的真伪→收集证据→查证问题。如财务审计署驻武汉特派办在某市进行国土财务审计前,召开大型财务审计进点会,在电视、报纸等媒体上广泛发布财务审计消息,公布了4部举报热线电话。40天内就接到了106封举报信,312个举报电话,接待上访达195人次,经查证,发现违法倒卖土地等案件6起,6人次被司法机关逮捕,另向有关部门移送了70封可信度高的人民来信。

第三节 契约理论案例

案例一：基于财务契约理论的高职院校业绩评价分析

一、从财务契约看高职院校业绩评价的动因

缘起于契约论的产生，用契约观点和契约思想来揭示某些经济现象，阐释一些社会经济问题，可谓相当流行且具有一定的说服力。高职院校是一个由不同利益相关者形成契约的集合体，是将资源组织起来有效地从事某种经营活动的载体。财务是高职院校的生存之本，财务契约是高职院校的中枢神经，是高职院校各种利益关系的焦点。财务契约是联结高职院校和利益相关者的重要纽带，是明确各利益相关者财务权利和责任的一种制度安排，主要包括股权契约、报酬契约、债务契约和其他利益相关者契约。股权契约是保障股东享有合法权益履行应尽义务而签订的合约；报酬契约是股东与管理者之间签订的明确公司经营者权利与义务的契约；债务契约是债权人与股东和管理者关于融资等相关问题而签订的信贷契约；除此以外，还有以公司员工、供货商和政府为代表的其他利益相关者契约。也就是说，财务契约是高职院校的各方利益相关者为了能够全面地设定义务以及保障投资期间的权利，并为业绩评价的结果做出相应的奖惩而缔结的契约。高职院校经营活动是通过签订一系列高职院校契约实现的。高职院校业绩就是高职院校财务契约的完成情况综合体现，是高职院校经营者

从事经营管理活动所取得的成果，也称为绩效或成效。高职院校利益相关者将自己所拥有的资源投入高职院校，同时拥有高职院校的所有权。为了评价过去一个时期高职院校与各利益相关者契约完成质量，高职院校利益相关者就会选取特定的指标体系，对照特定的标准，采用特定的评价方法，评价高职院校业绩，解决不同利益相关者在财务契约履行过程中的资源界定和利益分配问题。建立一个有效的高职院校业绩评价体系，确定高职院校经营者业绩的评判标准及报酬支付方式，是高职院校整体契约机制的重要内容。

二、从财务契约看高职院校业绩的评价主体

业绩评价是高职院校的利益相关者为了更好、更全面地履行财务契约，运用数理统计等方法，以一定的评价标准和程序对高职院校的相关业绩进行系统、客观的评价。

高职院校是一系列契约的组合体，不同财务契约有不同的主体。财务契约是高职院校的中枢神经，是高职院校各种利益关系的焦点。

股权契约是股东之间就设立公司相关问题签订的契约，其评价主体是股东。

信贷契约的评价主体则是债权人。债权人为了确定高职院校偿债信誉的可靠程度及其贷款的安全性，也必须关注高职院校的经营业绩（高峻，2006）。

报酬契约是股东与公司高层管理者之间签订的关于高层管理者权利和义务的契约，其评价主体是高职院校经营者。

除了上述的评价主体，还存在其他的评价主体，如职工、政府、供应商等。他们与高职院校都有不同的财务契约，也是高职院校的利益相关者。

三、从财务契约看高职院校业绩的评价目标

高职院校经营业绩评价系统的目标是整个系统运行的指南和目的，没有明确的目标，整个业绩评价系统将处于无序状态。

基于财务契约主体的多元性，业绩评价的目标也各不相同：债权人在进行信贷或赊销决策时，要对高职院校的资信状况进行评价。业绩评价能够很好地评价高职院校的偿债能力，降低债权人的风险。

投资者对高职院校进行业绩评价的目的是进行投资决策。

业绩评价能提供经理人的努力程度的信息等，让投资者更好地决定是否聘请该经理人。

资源提供者对高职院校经营者进行的经营业绩评价，其目的主要是用于经营者聘任决策、报酬计划、公司治理结构的构建。

第五章　高职院校财务预算与机制论

第一节　财务机制构建

高职院校的财务机制由财务运行机制、动力机制和约束机制组成。财务运行机制是其中最重要的组成部分，是高职院校财务机制的主体，包括筹资机制、投资机制和分配机制；财务动力机制是由财务机制内各种激励要素组成的有机整体，主要的激励因素有高职院校财务目标、内部财务管理体制、内部竞争机制和精神手段；财务约束机制包括外部约束机制和内部约束机制，外部约束机制包括法律及制度约束、经济约束、道德约束等，内部约束包括责任约束、制度约束、预算约束和风险约束等。财务管理本质上是一种机制行为，一切运作都是机制的运作，效率和效益是财务机制设训和运行质量的最终反映。为了保证高职院校财务管理活动顺利而有效地进行，充分发挥财务管理的职能，必须建立科学合理的财务机制。一般说来，财务机制主要由运行机制、动力机制和约束机制三部分组成。本书拟就这三种机制的构建略陈管见。

一、财务运行机制的构建

财务运行机制是指构成高职院校财务管理活动的各种因素相互联系、

相互作用的过程及其方式,是高职院校财务机制中最重要的组成部分,是高职院校财务机制的主体。从财务管理的内容看,财务运行机制主要由筹资机制、投资机制和分配机制三部分组成。

1. 筹资机制

在现代高职院校制度下,高职院校筹资机制主要应该包括以下内容:

(1)确定合理的筹资决策程序。在现代高职院校制度中,经理人员不一定就是筹资决策者,尤其是比较大额的资金,一般要由高职院校最高决策机构集体决定,这就需要确定合理的筹资决策程序。在筹资决策中,由于财务人员对高职院校的经济情况和资金运行状况比较了解,因而可以提出最具参考价值的意见。

(2)合理确定筹资规模。高职院校在筹资前,应根据投资规模,采用一定的方法,科学地预测资金的需要量,合理确定筹资总量,既要防止因筹资不足而影响生产经营的正常进行,又要避免因筹资过多而造成资金闲置。

(3)选择适当的筹资时机。要根据投资计划或时间安排,合理确定资金的筹集时间,避免因筹资过早而造成投资前的资金闲置,或因取得资金时间滞后而错过资金投放的最佳时间。

(4)优化资金结构。高职院校要尽量使权益资金和负债资金保持合理的比例,既要防止因负债过多而增大财务风险,又要避免因没有充分利用负债经营而降低权益资金的收益水平。

(5)降低筹资成本。一般而言,只有息税前资金利润率大于资金成本率的资金才能投入高职院校营运;反之,则不能投入高职院校营运。

（6）防范筹资风险。对筹资风险的管理，关键是要确定一个合理的资金结构，维持适当的负债水平，既要充分利用负债经营这一手段获取财务杠杆收益，提高权益资金利润率，又要注意防止过度举债而引起财务风险加大，避免陷入财务困境。

2. 投资机制

完整意义上的投资，不仅包括资金的投放，还包括投出资金的使用。所以，投资作为一个过程包括资金投放和使用两个基本环节，与此相对应，投资机制也包括资金投放机制和资金使用机制两个方面的内容。构建高职院校投资机制应着重从以下几个方面入手：

（1）正确进行投资决策。要建立科学的投资决策程序，重视投资的前期调查和可行性论证，合理确定投资规模，力争以最小的投入获得最大的产出。另外，高职院校还必须通过投资方向和投资方式的选择，确定合理的投资结构，提高投资效益，降低投资风险。

（2）优化投资组合。投资组合主要有以下五种方式：一是投资的风险等级组合，即将投资项目按风险大小分为高风险投资、适中风险投资和低风险投资三类，然后根据投资者的风险偏好，形成冒险的风险等级组合、中庸的风险等级组合和保守的风险等级组合三种不同的风险等级组合方式。由于这些组合方式是直接以投资风险为标准来选择投资组合方案的，因此，在确定投资组合方案时，必须权衡投资风险和收益的对称性。二是投资的对象组合，即将实业投资和金融投资进行合理的搭配。这种组合方式有助于实现风险中和与收益中和，并使投资具有较好的流动性。三是投资的时间组合，包括投资的期限组合、投资投出时间组合和投资收回时间组合三种具体组合方式。四是投资的不同收益形式组合，即将投资总额按一定比例分割在固定收益投资和变动收益投资两个方面。五是投资的权益组合，即通过主权性投资和债权性投资的组合，实现本金收回和取得收益的相对稳定性，并使投资风险得以中和。

（3）优化资产结构。资产结构包括流动资产与非流动资产的比例关系、流动资产内部各项目之间的比例关系、非流动资产内部各项目之间的比例关系、生产性资产与非生产性资产之间的比例关系等。其中，流动资产与非流动资产之间的比例关系是资产结构中最重要的比例关系。在高职院校全部资产中，各资产项目占多大比重，要在综合考虑风险与报酬、行业特点、经营规模、利率等因素后做出最优决策。

（4）正确确定资产存量和流量。从某种意义上说，资产流量的大小取决于存量的大小，如果存量多，可供流动的数量就大。资产的流量对存量也有反作用，如果资产的周转快，在完成同样周转额的情况下所需要的存量就少。存量与流量的这种关系决定了财务人员必须对高职院校资产的存量和流量进行认真的分析研究，采用科学的方法，合理确定存量控制标准，尽可能压缩资产存量。在流量控制中，要进行科学的流量分析，合理安排收支，选择合理的投资对象，控制资产的流速和流动路径。

3. 分配机制

构建高职院校分配机制要着重解决好以下几个问题：一是确立并严格遵循收益分配原则，兼顾各方利益，并处理好分配与积累的关系；二是按规定程序进行收益分配；三是综合考虑各种影响因素，选择合适的股利政策。

二、财务动力机制的构建

行为科学理论认为,人的行为动机以及由此而引起的积极性的大小,取决于激发力量的强弱。美国心理学家弗鲁姆(U.H.Vroom)的期望理论认为:激发力量=效价*期望,即激发力量的强弱取决于被激发对象对行为结果能满足自己需要程度的价值判断(效价)和估计达到的可能性(期望)。因此,要实现财务动力机制就必须兼顾激励的效价与期望这两个基本因素。

财务动力机制是由财务机制内各种激励要素组成的有机整体。这些激励要素主要有:

1. 高职院校财务目标

财务目标不仅决定着财务系统的运行方向,同时也是财务动力机制的要素之一。财务人员对财务目标的认同是进行财务管理的内在动力,是引发财务行为的直接动因。为了强化财务目标对财务行为的激励作用,必须注意以上几点:(1)财务目标的层次性。即把高职院校的财务总目标按照一定标准划分为若干层次,使高职院校内部各财务主体都有其具体的目标;(2)财务目标应明确化、定量化,以便于执行和考核;(3)财务目标的科学性,即确定的财务目标既要有先进性,又要有实现的可能性,能发挥其激励作用。

2. 高职院校内部财务管理体制

高职院校在构建内部财务管理体制时,应着重解决好两个问题:一是要把高职院校内部各财务主体所承担的财务责任加以数量化、具体化、指标化，并纳入会计核算系统，以便提供各财务主体履行财务责任的真实情况；二是要建立合理的业绩考评与利益分配机制，将各财务主体履行财务责任的情况与其经济利益挂钩，严格奖惩制度，以激发其积极性和创造性。

3. 高职院校内部竞争

利益是激发人的积极性的内在动力，而竞争则是其外在压力，只有在这两种力量的共同作用下，才能使人产生最大的积极性。因此，高职院校应按照责权利相统一和优胜劣汰的原则，在其内部建立一种"多劳多得、少劳少得，能者上、平者让、庸者下"的竞争机制。

4. 精神手段

心理学认为，人不仅有物质需求，而且有精神需求。精神上的满足相对于物质上的满足是更高层次上的满足。因此，在采取物质奖励手段的同时，还必须采取精神手段来激发财务人员的自豪感、责任感和成就感，使其认识到自己在高职院校管理中的重要性。

第二节 财务机制因素

财务机制受众多宏观因素的影响和制约,对财务机制的形成具有决定性影响的宏观因素和条件主要有经济体制、经营机制、市场体系。财政、信用和保险体系的建立和完善,法制的健全和财务中介机构的完善对财务机制也具有一定的影响和作用。

影响财务机制的微观因素和条件主要有现代高职院校制度的建立和完善,经营者知识结构的合理化,高职院校内部供、产、销各部门的密切配合和协调运行等。

案例分析—美国通用公司的财务机制

现代公司的经营目标可谓是多种多样,有的追求利润最大化,有的追求投资回报率最高,还有的力求创造股东价值的最大化,即公司市场价值的最大化。在创造股东价值的最大化方面,美国通用电气公司(CE)堪称佼佼者。其一直是全球市值最大的公司,并已连续四次被美国《财富》杂志评为年度最受尊敬的美国公司,三次被英国的《金融时报》评为全球年度最受尊敬的公司。CE之所以有如此令人瞩目的表现,离不开它特有的财务机制和财务总监的作用。因此,通过深入了解和分析CE在财务管理方面的特色做法,以期起到"他山之石,可以攻玉"的借鉴效果。

一、"双首长制"

财务总监向所在单位的总经理和上级财务总监汇报和负责是CE公司管理的一个显著特点,由于在CE实行的是事业部／集团负责制,所以这里指的上级财务总监是其事业集团的上级财务经理。从表面上看,双首长制似乎会让财务总监无所适从,多了一些扯皮,少了一些责任。其实恰恰相反,向上级财务总监负责可以切实保证财务总监在职能方面能较独立地贯彻和履行,而同时向总经理负责又可以充分地考察和衡量财务总监服务于所在公司的工作和业绩,因为财务总监的职责有财务内部控制和服务于公司经营业务两个方面的责任,总经理和上级财务总监正好分别在这两个方面着重考察财务总监的工作。

财务总监的行为准则依据是当地法律、公司内部制度、程序以及公司经营业务计划和目标。在这样的框架下,财务总监反而多了许多压力和动力,得以更好地履行自己工作的职责并充分实现个人价值。由于财务总监对其所在单位的总经理的汇报和负责只是虚线汇报,而对其上级财务经理的汇报和负责才是实线汇报,所以财务总监的雇佣、任命和考核由其上级财务总监负责。如果财务总监有任何违反公司制度和职业道德的事实,那么即使公司总经理有异议,上级财务总监也有权决定马上辞退。

如果公司总经理对财务总监的表现有意见甚至要求人事变动,那么也必须用事实证明其财务总监的工作表现并征得上级财务总监的同意,才可以进行操作。这里,上级财务总监也不可以置事实于不顾,毕竟财务总监的主要服务对象是公司总经理。由此可见,财务总监工作的合格与否是要用事实来证明的,这就避免了任何个人因私人感情而影响了对他人客观的评价。因而,对财务总监来说其主要的挑战就好地履行自己工作的职责并充分实现个人价值。由于财务总监对其所在单位的总经理的汇报和负责只是虚线汇报,而对其上级财务经理的汇报和负责才是实线汇报,所以财务总监的雇佣、任命和考核由其上级财务总监负责。

一方面,如果财务总监有任何违反公司制度和职业道德的事实,那么即使公司总经理有异议,上级财务总监也有权决定马上辞退。另一方面,如果公司总经理对财务总监的表现有意见甚至要求人事变动,那么也必须用事实证明其财务总监的工作表现并征得上级财务总监的同意,才可以进行操作。这里,上级财务总监也不可以置事实于不顾,毕竟财务总监的主要服务对象是公司总经理。由此可见,财务总监工作的合格与否是要用事实来证明的,这就避免了任何个人因私人感情而影响了对他人客观的评价。因而,对财务总监来说其主要的挑战就是能否做到出色完成工作,让上级财务总监和公司总经理满意。

二、目标制定与执行

CE每个所属公司每年都要定期进行中短期经营计划的制定和评估,其中主要是指年度预算SI(对下一年度)和公司中期经营计划SⅡ(未来三年)的制定和评估。在这方面,主要的表现形式是财务计划和损益表。财务总监自然要作为此项工作的牵头人来参与经营计划/预算的制定和执行——SI和SⅡ。SI和SⅡ的确定在CE是十分严肃的事,一旦财务计划和经营目标被事业集团总部批准,就自然成为"军令状",要严格执行。这里,财务总监的价值在于如何协助总经理达到甚至超额完成既定目标,其中包括事先、事中和事后的财务管理工作。基于对上述第一特点的考虑,很自然,财务总监会积极参与SⅡ和SⅡ的制定并全力协助总经理去执行和完成已定的目标。若不如此,总经理很难制定并执行一个有实际意义且有价值的SI和SⅡ。

三、明确职能

财务有两个主要职能——财务控制和财务计划/分析,是否设有专职的财务计划和分析人员,是衡量一个公司财务职能是否全面的重要指标。在CE财务主要分为财务控制和财务计划分析,前者包括成本核算、费用控制和理财、总账、税务、工资等基本财会职能,着眼于制度的确定和事后会计的核算,侧重于资产负债表的管理;后者则包括财务预算、计划、控制和分析,着眼于事前的考虑、建议和主动行动,侧重于损益表的管理。财务计划和分析人员的职位一般比较高,体现出CE在财务人员的发展和定位上明显地向事先行动和与经营业务密切联系上。纯粹而传统的财务人员的贡献被认为十分有限,除非他们在财务控制和财务计划/分析方面能更进一步地发展。

参考文献

［1］佟成生，梁力．现代高职院校内部控制环境的优化．上海会计，2003．6．

［2］财政部编写组．高职院校会计制度讲座［M］．长沙：湖南科学技术出版社，1993．

［3］王磊，赵息．基于价值链会计的成本管理系统研究［J］．西南交通大学学报（社会科学版），2010．02：81-83．

［4］杜栋．制造业信息化工程的价值链分析［J］．桂林电子工业学院学报，2004．10：51-54．

［5］陈晶．项目营销拉动S省邮政业务发展［N］．S省邮政报，2009-05-25．

［6］韩吉韬．面向业务流程的高职院校内部知识共享机制与支持系统研究［D］．天津大学，2010．

［7］崔树银．电子商务环境下传统高职院校流程变革研究［D］．同济大学，2008．

［8］袁天荣．成本抉择关系分析［J］．财会通讯，2010．（10）：55-57．

［9］林松应，陈丽敏．基于作业成本法的邮政成本管理创新［J］．邮政研究，2007．04．

[10] 冯雪莲. 高新技术高职院校的成本管理机制研究[D]. 西南财经大学, 2010.

[11] 韩静, 陈良华. 价值链理论下的成本管理模式研究[J]. 价值工程, 2010. 11: 108-110.

[12] 蒋莉. 基于价值链变化的战略改进与政策调整——以邮政行业为例[J]. 科技情报开发与经济, 2010. 13: 19-21.

[13] 刘志娟. 基于价值链成本控制系统的主要技术研究[J]. 财会研究, 2010. 07: 75-77.

[14] 赵灵章, 刘长利. 基于价值链的成本控制及降低成本的途径[J]. 辽宁工程技术大学学报（社会科学版）, 2010. 05: 108-111.

[15] 赵会娟. 邮政高职院校作业成本系统设计及应用[J]. 商场现代化, 2010. 04: 58-60.

[16] Cooper, R. and R. S. Kaplan. "Measure costs right: make the right decisions." Harvard Business Review. 1988, 66（5）: 96-103.

[17] 李兵兵. 浅谈价值链会计的原则[J]. 法制与社会, 2009. 08: 90-93.

[18] 李昌德. 浅谈高职院校成本管理[J]. 发展, 2010. 05: 70-72.

[19] Simmonds, K.R., I.o.Cost, et al. The fundamentals of strategic management accounting, Institute of Cost and Management

Accountants. 1981.

[20] Porter, M.E."Competitive strategy: creating and sustaining superior performance." New York: The free. 1985.

[21] Porter, M."Corporate strategy." New York: The free. 1980.

[22] Shank John, K.and V.Govindarajan. Strategic Cost Management, Free Press. 1993.

[23] 张亚芳. 我国成本报表结构内容的改革设想[J]. 财会通讯, 2010. 11: 66-67.

[24] 张香红, 周君霞. 浅谈公司制下邮政高职院校的财务管理[J]. 中国集体经济（下旬刊）, 2008（09）: 51-52.